환경을 지키는 작은 영웅들

우리 학교에 이상한 곰팡이가 생겼어요!

환경을 지키는 작은 영웅들
우리 학교에 이상한 곰팡이가 생겼어요!

초판 1쇄 인쇄 2025년 4월 25일
초판 1쇄 발행 2025년 5월 7일

글 정윤선
그림 이경석

펴낸곳 도서출판 개암나무(주)
펴낸이 김보경
경영관리 총괄 김수현　**경영관리** 배정은 조영재
편집 조원선 김소희 오은정 이혜인　**디자인** 이은주　**마케팅** 이기성
출판등록 2006년 6월 16일 제22-2944호

주소 서울특별시 용산구 한남대로40길 19, 4층(한남동, JD빌딩) (우)04417
전화 (02)6254-0601, 6207-0603　**팩스** (02)6254-0602　**E-mail** gaeam@gaeamnamu.co.kr
개암나무 블로그 http://blog.naver.com/gaeamnamu　**개암나무 카페** http://cafe.naver.com/gaeam

ⓒ 정윤선, 이경석, 2025
이 책의 저작권은 저자에게 있습니다.
저자와 출판사의 허락 없이 내용의 일부를 인용하거나 발췌하는 것을 금합니다.

ISBN 978-89-6830-866-6 73300

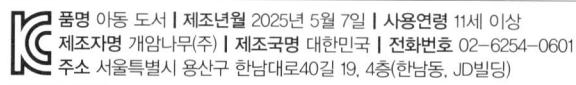

환경을 지키는 작은 영웅들

우리 학교에 이상한 곰팡이가 생겼어요!

정윤선 글 이경석 그림

개암나무

차례

프롤로그 – 지구초등학교 곰팡이 사건의 시작 • 6

쓰레기 문제
환경 동아리의 시작 • 10
[환경 문제 찾아보기] 우리 주변의 쓰레기 • 16

쓰레기의 변신! • 21
[환경 문제 깊이 알기] 쓰레기 문제, 얼마나 심각할까? • 28

쓰레기가 늘어나는 지도 • 30
[세계 환경 운동 살펴보기] 쓰레기의 새로운 역할 • 36

스푼 빨대를 줄여라 • 40
[일상 속 환경 운동] 누구나 쉽게 제로 웨이스트! • 43

대기 오염
환경 동아리 출동! • 48
[환경 문제 찾아보기] 숨 막히는 공기, 무슨 일이야? • 57

우리 동네 식물을 찾아라! • 60
[환경 문제 깊이 알기] 오염의 도미노 효과 • 65

이끼, 이번에는 너로 정했다! • 68
[세계 환경 운동 살펴보기] 숨 쉬는 지구를 만드는 사람들 • 74

이끼로 꾸민 지구초 담장 • 78
[일상 속 환경 운동] 맑은 공기, 함께 만들어요! • 86

기후 변화

환경 동아리, 원점에서 다시 시작! • 90
[환경 문제 찾아보기] 기후 변화의 무서운 얼굴 • 96

지구가 뜨거워지는 속도를 늦추자! • 99
[환경 문제 깊이 알기] 뜨거운 지구, 탄소 중립의 힘 • 106

합쳐서 '0'이 되도록 탄소 중립! • 110
[세계 환경 운동 살펴보기] 탄소 중립으로 지구를 지키다 • 116

디지털을 멈출 수 있을까? • 121
[일상 속 환경 운동] 기후 위기를 막는 작은 실천! • 128

생태계 변화

환경 동아리의 지속 가능한 임무 • 132
[환경 문제 찾아보기] 꿀벌이 사라진다면? • 137

꿀벌에서 사과까지 • 139
[환경 문제 깊이 알기] 멸종 위기! 생태계의 경고 • 148

우리 동네 생태 지도 그리기 • 153
[세계 환경 운동 살펴보기] 생태계를 살리는 특별한 약속 • 158

환경 동아리 임시 본부, 안녕! • 164
[일상 속 환경 운동] 생태계를 위한 한 걸음! • 168

에필로그 – 환경을 지키는 작은 영웅들 • 172
작가의 말 • 174

쓰레기 문제

- 환경 동아리의 시작
- 쓰레기의 변신!
- 쓰레기가 늘어나는 지도
- 스푼 빨대를 줄여라

환경 동아리의 시작

초록 환경 운동 본부는 삼거리에 위치한 가장 낡은 건물에 있었어요. 지지가 경이와 좁은 계단을 올라 3층에 도착하자, 출입문에 '지구초 환경 동아리 임시 본부'라고 쓴 종이를 붙이고 있는 초록 쌤이 보였어요.

어느새 구희와 환이까지, 지구초 환경 동아리가 모두 모였어요. 초록 쌤이 아이들을 반갑게 맞이했지요.

지지는 임시 본부 안으로 들어서자, 마치 중요한 임무를 맡은 특공대가 된 것처럼 비장한 기분이 들었어요.

임시 본부에 모인 아이들은 가장 먼저 '쓰레기 섬'에 대한 영상을 봤어요. 태평양 한가운데에 쓰레기가 산처럼 쌓여 있었지요.

그 주변에 있는 거북이와 가마우지는 쓰레기에 목과 발이 감겨 고통스러워 보였어요. 거북이는 먹이를 삼키기도 어려운 것 같았고, 가마우지는 그물 때문에 발목에 상처가 깊게 나 있었어요.

구희가 영상을 심각하게 보다 말했어요.

"세계 각국에서 온 쓰레기인가 봐요. 쓰레기에 영어, 일본어, 한국어, 중국어 같은 다양한 글자가 적혀 있어요."

초록 쌤은 쓰레기 섬을 가리키며 설명했어요.

"바닷물은 보통 일정한 방향으로 흐르는데, 이를 '해류'라고 해요. 세계 곳곳에서 버려진 쓰레기가 해류를 따라 흘러가다 한곳에 모여 거대한 쓰레기 섬이 생겼죠."

다행히 바다 한가운데에서 쓰레기를 치우는 사람들도 있었어요. 사람들이 배에 타 그물로 쓰레기를 건져 올렸지요. 아이들은 그물이 쓰레기로 가득 찬 모습에 "세상에!" "너무해!"라며 깜짝 놀랐어요.

경이는 끊임없이 쓰레기를 건져 올리는 영상을 보다 화난 듯 물었어요.

"선생님, 왜 쓰레기는 계속 늘어날까요? 바다뿐 아니라 우리 주변에도 쓰레기가 너무 많아요. 치워도 매일 또 생기잖아요."

"특히 플라스틱 쓰레기가 엄청나요."

구희도 고개를 끄덕이며 말했어요.

"어쩌면 쓰레기가 늘어 학교에 곰팡이가 생겼을지도 몰라요. 식빵이나 과일 같은 음식물 쓰레기에 곰팡이가 잘 생기잖아요."

"으, 난 식빵에 생기는 검은색 곰팡이가 가장 싫어!"

경이가 몸서리치자, 환이가 창밖으로 보이는 뒷산을 가리켰어요.

"저기 우리 학교 뒤에 쓰레기 산이 있었잖아요. 우리가 입학했을 때 뉴스에도 나왔는데……. 혹시 그 산이 곰팡이와 관련 있을까요?"

"맞아! 등굣길에 악취가 진동했어요!"

구희가 거들자, 초록 쌤이 고개를 끄덕이며 말했어요.

"그 산은 사람들이 쓰레기를 불법으로 쌓아 둔 곳이었어요."

"하지만 재활용 센터가 생긴 뒤로는 쓰레기가 사라졌어요. 교장 선생님도 가끔 확인하신대요. 학교 근처에 냄새가 나면 안 된다면서요."

지지가 말을 마치자, 초록 쌤이 아이들에게 물었어요.

"여러분은 우리 학교 곰팡이 문제가 쓰레기 때문이라고 생각하나요?"

아이들이 조용해진 틈에 경이가 말했어요.

"아직 확실히는 모르겠어요. 근거가 없으니까요. 하지만 학교 주변에 쓰레기가 많은 건 사실이에요. 이참에 쓰레기가 얼마나 있는지 확인해 보면 어떨까요?"

구희가 손뼉을 치며 말했어요.

"좋은 생각이야! 쓰레기 지도를 만들어 보자. 학교 주변에 쓰레기가 얼마나 많은지 바로 알 수 있을 거야!"

아이들은 구희의 의견에 동의하며 계획을 세웠어요. 각자 집에서 학교까지의 길을 살피며 쓰레기를 조사하기로 했지요.

다음 날 오후, 온라인 수업이 끝나자 환경 동아리 단톡방에 사진이 하나둘 올라오기 시작했어요.

아이들은 한 시간 동안 학교 주변을 돌아다니며 단톡방에 쓰레기 사진을 찍어 가득 올렸어요. 오후 4시쯤에는 쓰레기봉투를 꽉 채운 사진도 올렸죠.

 내가 일등이다! 학교 근처 우리 문구점 앞이야. 누가 스무디를 먹고 버렸나 봐.

나는 김 내과 병원 앞 횡단보도야. 종이컵을 그냥 올려 두고 가다니, 너무해!

 여기는 별빛 놀이터 그네 옆. 누군가 음료를 먹었나 봐.
빨대 좀 제대로 버리지!

다들 어떻게 찾은 거야? 나는 쓰레기가 안 보여!

모두 치우느라 정말 수고했어! 내가 집에 가서 쓰레기 지도를 그려 볼게.

지지가 이야기하자 초록 쌤이 햇살처럼 환하게 웃는 이모티콘을 보냈어요.

그날 저녁, 지지가 동네 지도에 쓰레기를 그려 넣은 사진을 단톡방에 올렸어요. 아이들은 모두 지지에게 하트 이모티콘을 잔뜩 보냈지요.

다음 날에도, 그다음 날에도, 환경 동아리의 쓰레기 지도 만들기는 계속되었답니다.

환경 문제 찾아보기

우리 주변의 쓰레기

생활 쓰레기

우리가 살면서 버리는 옷, 플라스틱, 종이, 음식물 등을 말해요. 재활용할 수 있는 것과 음식물 쓰레기는 분리해서 버려야 해요.

재활용이 안 되는 쓰레기는 종량제 봉투에 담아 버리는데, 환경미화원이 수거해 소각하거나 매립지에 묻어요. 문제는 쓰레기를 태우면 독성 물질인 다이옥신이 나오고, 땅에 묻으면 메탄가스가 발생해 대기를 오염시킨다는 점이에요.

환경부 자료에 따르면, 2022년 한 해 동안 우리나라에서 발생한 생활 쓰레기는 약 1,675만 톤이에요. KTX 기차 2만 1,750대와 무게가 비슷해요. 쓰레기는 점점 늘어나는데, 버릴 곳이 부족해 돈을 주고 외국에 버리기도 해요.

산업 쓰레기

공장이나 건설 현장에서 나오는 사업장 폐기물, 건설 폐기물, 지정 폐기물을 말해요. 공장의 대형 쓰레기, 건설 현장의 콘크리트나 벽돌, 인체에 해로운 폐기름, 연료 찌꺼기, 화학 물질 같은 지정 폐기물은 정해진 방법에 따라 처리해야 해요.

2022년에는 사업장 폐기물 8,106만 톤, 건설 폐기물 7,618만 톤, 지정 폐기물 617만 톤이 배출되었어요. 이런 쓰레기에서 나오는 독성 물질이 지하수나 하천을 오염시킬 수 있기 때문에 전문 업체에서 처리해야 해요.

전문 업체는 쓰레기를 태우거나 땅에 묻는데, 환경 오염을 막기 위해 시멘트에 굳히거나 미생물을 사용하기도 해요.

재활용 쓰레기

재활용은 천연자원을 아끼고 오염을 줄이는 중요한 방법이에요. 재활용할 수 있는 쓰레기는 내용물을 버리고 닦은 뒤 종류와 재질별로 분리 배출해야 한답니다.

신문은 묶어서, 책은 스프링과 코팅을 제거한 뒤 배출해요. 우유갑은 물로 헹구어 말린 뒤 따로 내놓아요. 캔과 유리병도 헹군 뒤 배출해요. 부탄가스 용기는 통풍이 잘되는 곳에서 내용물을 빼고 내놓아요. 플라스틱과 스티로폼도 내용물을 비우고 물로 헹궈야 해

폐기물의 재탄생

자료: 환경부

폐기물	재탄생 품목	
종이(폐지)	새 종이	노트
캔, 고철류	철근	재활용 캔
페트병	부직포	옷
우유갑	두루마리 휴지	미용 티슈
빈 병	유리병	유리블록
플라스틱	간이 의자	열쇠고리
음식물 쓰레기	사료, 퇴비	바이오가스 연료

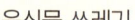

요. 의류나 폐식용유 등은 전용 수거함에, 대형 폐기물은 지자체에 신청 후 배출해요. 음식물 쓰레기는 종량제 봉투에 담아 버리거나 사료나 퇴비로 재활용해요.

미세 플라스틱

크기가 5밀리미터 미만인 아주 작은 플라스틱 조각이에요. 치약, 세제, 화장품 같은 생활용품에도 들어 있고, 세탁할 때 섬유가 떨어지거나, 플라스틱 쓰레기가 햇빛, 바람, 파도로 부서져 생기기도 해요.

문제는 미세 플라스틱이 너무 작아서 하수 처리 시설에 걸러지지 않고 강과 바다로 흘러간다는 거예요. 미세 플라스틱이 섞인 바닷물이 증발했다 비가 되어 내리면 미세 플라스틱도 함께 떨어지지요.

미세 플라스틱은 우리가 물이나 수산 식품을 섭취할 때 몸속에 들어올 수 있어요. 이는 동물과 사람 모두에게 나쁜 영향을 주지요.

미세 플라스틱이 우리 몸에 들어오는 과정

동물은 성장에 문제가 생기거나 병에 걸려 죽기도 하고, 사람은 염증이나 장기 손상, 심지어 암 같은 병에 걸릴 수 있어요. 화학 물질이 호르몬 작용을 방해하기도 하지요.

핵폐기물

원자력 발전소에서 나오는 쓰레기를 말해요. 핵 연료봉, 냉각수, 작업복 등이 있지요. 핵폐기물에는 방사선을 내뿜는 성질, 즉 방사능이 남아 있어요. 핵폐기물의 방사선은 탈모, 피부염, 암 같은 질병을 일으키고, 심하면 목숨을 잃게 할 수도 있어요.

핵폐기물은 방사선을 내뿜지 않도록 처리해야 해요 고체는 압축하거나 태우고, 액체는 시멘트로 굳혀 저장소에 보관해요. 어떤 나라는 지하 깊은 곳에 저장하고, 어떤 나라는 바다에 보관하기도 해요.

핵폐기물은 썩지도 않고, 방사선을 10만 년이나 내뿜어요. 핵에너지 사용이 늘수록 핵폐기물 저장소도 더 필요하지만, 위험하기 때문에 주민들의 반대로 저장소를 만들기 어려워요.

쓰레기의 변신!

일주일이 흘러 환경 동아리가 다시 모였어요. 지지가 그동안 만든 쓰레기 지도를 화면에 띄웠어요.

"우아! 수고했어, 지지야. 덕분에 쓰레기를 자주 버리는 곳을 한눈에 알 수 있는걸."

친구들의 칭찬에 지지가 정리만 했을 뿐이라며 손사래를 쳤어요. 그때 구희가 지도의 한 부분을 가리키며 물었어요.

"이건 무슨 표시야?"

"재활용 센터야. 예전에 쓰레기 산이 있던 곳 말이야."

지지가 설명하자 초록 쌤이 벌떡 일어나며 말했어요.

"마침 오늘 재활용 센터를 견학할 거예요. 쓰레기 문제를 해결하려면, 쓰레기를 제대로 알아야 하니까요. 모두 따라오세요."

"갑자기요?"

아이들은 초록 쌤의 추진력에 놀라며 뒤따라 나섰어요. 30분쯤 걷자 커다란 공장 건물이 보였어요. 재활용 센터였죠. 초록색 유니폼을 입은 아저씨가 아이들을 맞았어요.

"안녕하세요. 초록 재활용 센터에 온 걸 환영합니다. 저는 이곳을 담당하는 김 소장입니다. 여러분, 이곳이 쓰레기 산이었다는 걸 알고 있나요?"

김 소장님이 방긋 웃으며 말했어요. 아이들은 눈을 반짝이며 대답했지요.

"네!"

"많은 사람이 노력해 쓰레기 산을 모두 치웠답니다."

경이가 손을 들며 물었어요.

"그 많은 쓰레기는 다 어디로 갔나요?"

"처음에는 매립지로 보내려 했지만, 이미 꽉 차서 그럴 수 없었어요."

"그래서 어떻게 했어요?"

"시멘트 회사에서 연료로 쓰겠다고 쓰레기를 가져갔어요. 문제는, 쓰레기를 태우면서 독성 물질이 나왔다는 거예요. 그래서 다른 방법을 찾아야 했죠."

"쓰레기를 외국으로 보내기도 한다던데, 정말이에요?"

열심히 듣던 구희도 물었어요.

"맞아요. 저희는 남은 매립지를 찾았지만, 그러지 못했다면 쓰레기를 외국으로 보내야 했을 거예요. 어디에 두든 지구가 오염되는 것은 똑같지만요."

"가능한 한 쓰레기를 만들지 않는 게 중요하겠어요."

소장님의 설명에 구희가 고개를 끄덕였어요.

"그래도 쓰레기가 생긴다면, 재활용하는 게 가장 좋아요."

"재활용이 되는 쓰레기는 플라스틱, 종이, 캔 등이지요?"

경이가 소장님에게 질문했어요.

"그렇죠! 우리 재활용 센터에서는 플라스틱을 재활용해요. 한번 보러 갈까요?"

김 소장님은 아이들과 초록 쌤을 센터 안으로 안내했어요. 재활용 센터는 꽤 넓었어요. 작업대 위 컨베이어 벨트에는 구겨진 페트병들이 지나갔어요. 지지는 냄새 때문에 코를 움켜쥐었다가 열심히 일하는 분들을 보고 슬며시 손을 놓았어요.

"쓰레기를 재활용할 때 가장 먼저 무엇을 할까요?"

김 소장님이 물었어요.

"재활용품을 녹이는 일이요!"

"맞아요. 플라스틱은 녹여서 새로운 모양으로 만들 수 있어요.

그러려면 먼저 페트병에 붙어 있는 상표를 제거해야 해요."

"저는 분리수거할 때 미리 다 떼요!"

환이는 집에서 분리수거 담당이라며 웃었어요.

"잘하고 있어요. 하지만 그렇게 하지 않는 사람도 많아 상표와 불순물을 제거하는 과정이 꼭 필요해요. 그다음 잘게 부수지요."

아이들은 김 소장님의 안내에 따라 컨베이어 벨트 끝으로 걸음을 옮겼어요.

"플라스틱을 잘게 부수면 바로 녹여 섬유로 뽑아낼 수 있어요."

"플라스틱으로 섬유를요?"

"네. 합성 섬유는 플라스틱 같은 석유로 만들어요. 알록달록한 포장재를 녹인 뒤 플라스틱과 섞어 색을 내고, 고온에서 녹여 실을 뽑은 다음 그 실로 옷감을 만드는 거예요."

"저도 플라스틱으로 만든 옷을 파는 걸 본 적 있어요."

"맞아요. 그런 섬유를 '재활용 섬유'라고 해요. 가방이나 모자, 등산복도 만들 수 있답니다."

"버려진 페트병으로 옷을 만든다니, 정말 신기해요!"

"모양을 바꿀 수 있는 플라스틱의 특성을 활용하는 거랍니다."

김 소장님과 함께 재활용 센터를 둘러본 아이들은, 일하는 분들에게 감사 인사를 하고 밖으로 나왔어요. 지지는 눈앞에서 재활용 과정을 직접 보고 나니, 앞으로 분리수거를 더 열심히 해야겠다고 마음먹었어요.

초록 쌤은 재활용 센터에서 나와 근처 상점으로 향했어요.

"선생님, 쓰레기를 줄이는 게 중요한데 쇼핑을 해도 되나요?"

의아해하던 아이들은 상점 안을 둘러보곤 눈이 동그래졌어요. 상점 안에는 색색의 작은 플라스틱 알갱이가 쌓여 있었거든요. 초록 쌤이 웃으며 말했지요.

"여기는 '플라스틱 방앗간'이에요. 우리도 여기서 필요한 걸 하나씩 만들어 볼 거예요."

"어? 이게 다 플라스틱이에요?"

"맞아요. 플라스틱 가루예요. 고운 쌀가루로 떡을 만들 듯, 플라스틱 가루로 새로운 물건을 만들 수 있어요."

초록색 앞치마를 두른 상점 주인이 답했어요. 재활용 센터의 김 소장님과 꼭 닮은 모습이었어요.

지지와 친구들은 신이 나서 플라스틱 가루를 녹여 열쇠고리를 만들었어요. 환이는 자신이 버린 생수병 뚜껑이 있을지도 모른다며 플라스틱 조각을 세심히 골랐어요. 경이는 완성된 열쇠고리를 가방에 달며 즐거워했지요.

그때, 꼬르륵 소리가 들렸어요. 30분을 걸어온 데다 재활용 센터까지 둘러보았으니 배가 고플 만도 했지요.

"자, 여러분! 빈 밀폐 용기를 꺼내세요."

"네, 선생님!"

모두 환경 동아리 임시 본부에서 나올 때 초록 쌤이 나눠 준 밀폐 용기를 높이 들었어요.

"이제 옆 가게로 가서 용기에 먹고 싶은 걸 하나씩 담아 오세요. 그 가게는 '포장 없는 상점'이거든요."

지지는 고개를 갸우뚱하며 상점으로 갔어요. 상점에는 빵, 과일, 과자 등 다양한 간식이 있었어요. 아이들은 간식이 진열된 쪽으로 달려가 간식을 담기 시작했어요. 딸기잼도 덜어 담을 수 있었지요. 신기하게도 계산대에는 재활용 센터 김 소장님, 플라스틱

방앗간 주인아저씨와 똑 닮은 사람이 있었어요.

"우리처럼 쌍둥이신가 봐!"

환이가 경이에게 말하며 웃었어요.

"선생님, 이 가게가 왜 포장 없는 상점인지 알았어요. 물건을 포장해 주지 않기 때문이죠?"

경이의 질문에 초록 쌤이 미소 지으며 답했어요.

"맞아요. 포장재가 나오지 않으니, 쓰레기를 줄일 수 있지요. 대신 담을 수 있는 통을 가져와야 해요."

지지는 밝게 웃으며 가게를 나섰어요. 맛있는 간식을 손에 든 것도 기뻤지만, 지구를 지키는 데 도움이 된 것 같았거든요.

환경 문제 깊이 알기

쓰레기 문제, 얼마나 심각할까?

태평양 한가운데에 나무도 풀도 없는 이상한 섬이 있어요. 바로 거대한 쓰레기 지대인 '지피지피(GPGP, Great Pacific Garbage Patch)'예요. 우리나라 면적의 16배나 되는 이 쓰레기 섬은 여러 나라에서 흘러

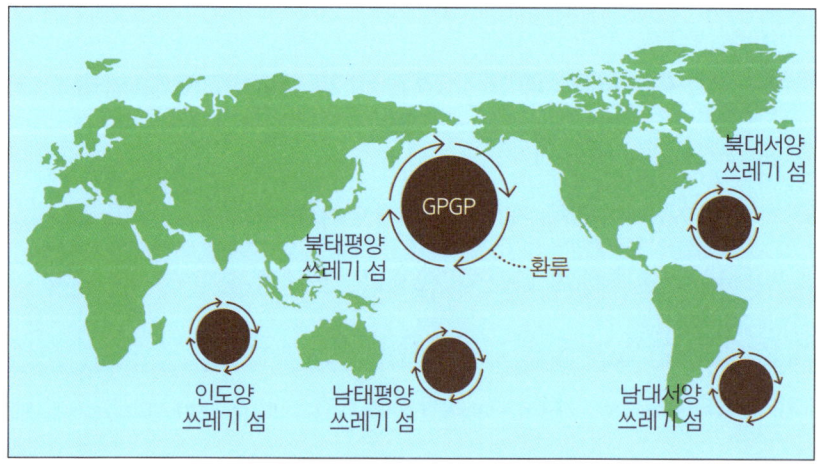

전 세계 바다에 떠 있는 쓰레기 섬 위치

온 쓰레기가 모여 만들어졌어요. 이런 쓰레기 섬이 지구에 다섯 곳이나 있다는 사실, 믿어지나요?

바다에 버려진 쓰레기는 바다 생물을 위협해요. 거북이나 바다표범의 몸에 플라스틱 줄이 감기면 질식할 수 있어요. 동물들이 플라스틱을 먹이로 착각하고 삼켜 목숨을 잃기도 하지요.

사막에는 쓰레기 산이 있어요. 칠레 아타카마 사막에는 헌 옷이 산처럼 쌓여 있지요. 유행에 따라 옷이 빨리 바뀌는 '패스트 패션(fast fashion)' 때문에 해마다 엄청난 양의 옷이 버려지며, 섬유 속 화학 물질이 공기와 지하수를 오염시켜요. 재활용하려고 시도해 보았지만, 버려지는 옷을 모두 처리하기는 힘들었어요.

칠레 아타카마 사막에 버려진 옷들

쓰레기가 늘어나는 지도

동아리 활동 시간에 모인 아이들은 지난주에 방문한 재활용 센터와 플라스틱 방앗간, 포장 없는 상점을 지도에 표시했어요. 다른 곳에 있는 물건을 포장하지 않고 파는 상점도 찾아 표시했지요.

쓰레기를 줄이는 곳은 파란색, 쓰레기가 생겨나는 곳은 빨간색으로 구분해 두었어요. 지지는 완성된 지도를 보며 인상을 찌푸렸어요.

"봐, 우리가 매일 3시에서 6시 사이에 쓰레기 지도를 그렸잖아. 그런데 매번 쓰레기가 같은 장소에서 생기고 있어."

"정말이네!"

"생각해 보니, 초등학교 수업이 끝나는 3시쯤과 중학교 수업이 끝나는 5시쯤만 되면 늘 쓰레기가 보였어."

"게다가 항상 같은 종류의 쓰레기였지."

아이들은 이구동성으로 외쳤어요.

"스푼 빨대!"

동네 사거리를 살핀 경이와 환이는 쓰레기를 많이 줍지 못했지만, 학교 근처와 놀이터를 돌아본 지지와 구희는 쓰레기를 한가득 주웠어요. 대부분이 일회용 스푼 빨대였죠.

"우리는 이제 사람들이 쓰레기를 재활용하려고 얼마나 노력하는지 알잖아. 더 이상 쓰레기를 버릴 곳이 없다는 것도 말이야."

경이가 말을 이었어요.

"그런데 아직도 쓰레기를 아무 데나 버리는 사람이 많다니, 정말 화가 나."

그러자 환이가 자신만만한 표정으로 말했어요.

"지난 3주 동안 매일 이런 상황이었다면, 이제 우리가 나설 차례야."

지지도 쓰레기를 줍는 것만으로는 부족하다고 생각했어요.

"스푼 빨대는 새로 생긴 슬러시 가게 때문일 거야."

"나도 거기 슬러시 먹어 봤는데 맛있더라."

환이가 엉뚱한 말을 하자 경이가 째려보았어요. 환이는 아랑곳

하지 않고 말했어요.

"그런데 왜 스푼 빨대를 아무 데나 버릴까? 분명 이유가 있을 거야. 한번 알아보자."

다음 날 오후, 아이들은 슬러시 가게로 향했어요. 근처 벤치에 앉아 이야기 나누는 척하며 가게를 지켜보았죠. 혹시 누가 알아볼까 봐 두건과 선글라스로 변장도 했어요. 물론 그게 더 눈에 띄는 듯했지만, 어쨌든 영화에서는 다들 그렇게 하니까요.

사람들은 슬러시를 들고 집에 가는 대신, 그 자리에서 바로 먹었어요.

"사람들이 서서 슬러시를 먹고 가네."

"응, 슬러시가 녹기 전에 먹어야 하니까."

"대부분 저기 벤치에 앉아서 먹는 것 같아."

환이가 벤치를 가리키자 아이들이 고개를 끄덕였어요.

"그래서 벤치 주변에 스푼 빨대가 많았구나."

"떨어뜨려도 줍지 않고 새 스푼 빨대를 가져다 쓰네!"

환이가 화난 듯 벌떡 일어났어요. 금방이라도 쫓아가 따질 태세였지요.

"헉, 환이야! 진정해!"

경이가 빠르게 따라붙으며 말렸지만, 환이는 멈추지 않았어요. 눈빛도 매서웠지요. 아이들은 큰일이 벌어질까 봐 서둘러 따라갔어요.

"환이야!"

지지가 환이를 불렀지만, 환이는 대꾸도 없이 벤치 근처의 중학생들 쪽으로 달려갔어요.

"저기요!"

아이들은 긴장하며 환이를 바라봤어요. 혹시라도 환이가 중학생들과 부딪치면 나서야겠다고 생각했죠.

중학생들은 환이를 빤히 쳐다보기만 했어요. 그런데 환이가 예상과 달리 공손한 목소리로 말했어요.

"발 좀 치워 주세요. 이걸 주우려고요."

너무나도 정중한 환이의 태도에 중학생들이 슬쩍 발을 옮겼어요. 환이는 얼른 스푼 빨대를 주워 흙을 후후 불어 냈어요.

"찾았다, 플라스틱! 플라스틱 방앗간에서 써먹어야지."

환이가 혼잣말을 하며 돌아오자 모두 어이없다는 표정으로 환이를 바라보았어요.

"아, 뭐야! 큰일 나는 줄 알았잖아."

그러자 환이가 어깨를 으쓱이며 말했어요.

"설마 내가 저 큰 형들에게 바로 대들겠어? 뭐든 준비가 필요하다고. 일단 쓰레기를 주웠으니 그다음에는 교육을 해야지."

환이는 고개를 절레절레 흔드는 아이들을 뒤로하고 앞장서 걸어갔어요.

"뭐 해! 빨리 와. 다음 단계로 넘어가야지!"

지지와 친구들은 허탈한 웃음을 지으며 환이를 따라갔어요.

세계 환경 운동 살펴보기

쓰레기의 새로운 역할

그린 컨슈머(Green Concumer)

물건을 살 때 환경을 생각하며 소비하는 사람을 '그린 컨슈머'라고 해요. 재활용 제품을 사용하면 여러분도 그린 컨슈머랍니다.

버려진 물건을 멋지게 바꾸는 '업사이클링' 기업도 있어요. 스위

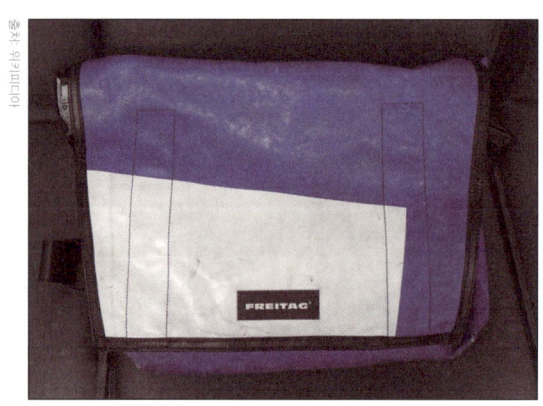

업사이클링 방식으로 만든 프라이탁 가방

스 '프라이탁'은 텐트와 천막으로 가방을 만들고, 우리나라 '베리구스'는 오리털을 재활용해 점퍼를 제작하지요.

기존 재료를 새 제품으로 만드는 걸 '리사이클링'이라고 해요. 이 과정에서 품질이 낮아지면 '다운사이클링'이라고 부르지요. 우유갑으로 만든 누런 휴지가 이에 속해요. 어떤 방식으로든 자원을 다시 쓴 제품을 사는 것만으로도 환경을 지킬 수 있어요!

폐기물 에너지

플라스틱이나 종이뿐만 아니라 음식물 쓰레기나 똥으로 에너지를 만들 수 있어요. 이런 쓰레기를 '유기성 폐기물'이라고 하고, 미생물이 이를 분해할 때 나오는 기체는 '바이오가스'라고 해요. 바이오가스는 난방, 전기, 차량 연료로 사용할 수 있어요. 영국에는 똥을

음식물 쓰레기로 돌아가는 바이오가스 공장

연료로 쓰는 바이오가스 버스가 있어요. 우리나라의 수도권 매립지에서도 음식물 쓰레기로 바이오가스를 만들어 사용해요.

제로 웨이스트 운동(Zero Waste)

새로운 에너지를 만들거나 업사이클링을 하는 과정에서도 대기 오염 물질이 생길 수 있어요. 그래서 처음부터 쓰레기를 만들지 않는 게 가장 중요해요. 이를 '제로 웨이스트'라고 하지요.

캘리포니아에 사는 비 존슨은 후손들에게 아름다운 지구를 물려주기 위해 2006년부터 제로 웨이스트 운동을 시작했어요. 모든 물건을 오래 쓰고, 일회용품 사용을 피했죠. 비 존슨 가족이 1년 동안 배출한 쓰레기는 유리병 하나뿐이었답니다.

슬로우 패션(Slow Fashion)

옷 한 벌을 만드는 데 많은 전기와 자원이 필요해요. 하지만 매년 유행이 달라지다 보니, 사람들이 옷을 자주 사고 금방 버리지요. 그 결과 세계 곳곳에서 버린 옷이 동남아시아에 쌓이고 있어요. 이렇게 값싼 옷을 빨리 만들어 파는 유행을 '패스트 패션'이라고 해요.

요즘은 환경을 생각해 유행을 덜 따르는 '슬로우 패션'이 주목받고 있어요. 슬로우 패션은 옷을 오래 입고 낡으면 수선해서 다시 입는 방식이에요. 유행에 상관없이 오래 입을 옷을 사는 건 우리와 지구 모두에게 좋은 일이랍니다.

오션클린업(The Ocean Cleanup)

18살 소년이 바다에서 다이빙을 하다가 커다란 쓰레기 섬을 발견하고 충격에 빠졌어요. 소년은 쓰레기 섬을 없애기로 결심했어요. '오션클린업'이라는 단체를 만들고 후원금을 모았지요. 소년은 여러 실험 끝에 물살과 조류를 이용하여 플라스틱 쓰레기를 모으는 방법을 찾아냈어요. 그물로 건진 쓰레기에는 세계 여러 나라의 글자가 적혀 있었어요. 그리고 어른이 된 지금도 바다에서 여러 나라에서 버린 쓰레기를 계속 수거하고 있답니다.

해양 폐기물을 수거하는 오션클린업

스푼 빨대를 줄여라

다음 날, 지지는 친구들과 다시 슬러시 가게를 찾아가 사장님에게 꾸벅 인사한 뒤 말했어요.

"안녕하세요. 저희는 지구초등학교 환경 동아리예요. 요즘 학교 주변에서 쓰레기를 줍고 있어요. 그런데 지난 3주 동안 이 근처에 버려진 스푼 빨대가 너무 많았어요."

'세상에서 가장 시원한 슬러시' 가게 사장님은 지지가 내민 스푼 빨대를 꼼꼼히 살펴보더니 당황한 표정을 지었어요.

"어이쿠, 우리 가게 쓰레기가 맞구나."

"네, 이 근방에서 스푼 빨대를 사용하는 곳은 이 가게밖에 없어요. 저희가 주변을 살펴보니 쓰레기통이 없더라고요. 그래서 쓰레기가 아무 데나 버려지는 것 같아요. 재활용도 할 수 없고요."

"그건 미처 생각하지 못한 부분이야. 정말 미안하구나. 쓰레기통을 설치하면 좀 도움이 될까? 하지만 길 건너 벤치에 쓰레기통을 두는 건 어렵겠어. 아무 쓰레기나 버리는 사람이 생길 수도 있거든."

"재활용 쓰레기통을 가게 옆에 설치하면 충분할 것 같아요. 대신 가게와 벤치 근처에 쓰레기통 위치를 알려 주는 표지판을 걸어도 될까요? 저희가 만들어 왔어요."

사장님은 흔쾌히 동의했어요. 환이가 그려 온 표지판을 가게와 벤치 근처에 붙여 주었지요.

아이들은 다음 주에도 쓰레기를 주웠어요. 그러자 빨간 점으로

표시했던 쓰레기 위치가 확실히 줄어 들었어요.

매일 관찰한 결과 어린이들과 중학생들도 이제는 쓰레기를 재활용 쓰레기통에 제대로 버렸어요. 지지와 구희는 온라인 수업 중 쉬는 시간마다 친구들에게도 쓰레기통 위치를 알려 주며 올바르게 버리도록 홍보했어요.

감동한 슬러시 가게 사장님은 아이들에게 복숭아 슬러시를 한 잔씩 주며 말했어요.

"너희 덕분에 내가 많은 걸 배웠어. 세상에서 가장 시원한 슬러시를 만드는 일도 중요하지만, 지구를 사랑하는 일도 중요하다는 걸 알았단다. 정말 고맙다, 애들아. 다 먹으면 쓰레기는 꼭 여기 재활용 쓰레기통에 버려 주렴."

모두 활짝 웃으며 대답했어요.

"네!"

"후유, 우리 동네 쓰레기 문제는 어느 정도 해결된 것 같아."

지지의 말에 구희가 고개를 갸우뚱하며 말했어요.

"맞아! 그런데 우리 학교 곰팡이는 어떻게 되었을까?"

일상 속 환경 운동

누구나 쉽게 제로 웨이스트!

플라스틱 사용을 줄여요

우리가 자주 버리는 플라스틱은 자연에서 분해되는 데 수백 년이 걸려요. 그 과정에서 미세 플라스틱이 생겨 환경을 오염시킨답니다.

배달 음식 줄이기

음식을 배달하는 일이 많아지면서 플라스틱 용기 사용도 늘고 있어요. 직접 용기를 가져가 포장하면 환경 보호에 도움이 돼요.

다회용 용기 사용하기

배달 음식뿐 아니라 카페에서 음료를 사 먹을 때도 다회용기를 사용해요. 장을 볼 때도 일회용 비닐봉지 대신 장바구니를 써요.

제로 웨이스트를 실천해요

제로 웨이스트는 쓰레기를 최대한 줄이고, 자원을 다시 활용하는 방식이에요. 불필요한 소비를 줄이면 환경을 보호할 수 있어요.

생분해성 제품 사용하기

썩지 않은 플라스틱으로 만든 제품 대신 땅속에서 자연스럽게 분해되는 생분해성 제품을 사용해요. 최근에는 생분해성 원료를 사용한 물티슈, 수세미, 용기 등을 판매하고 있어요.

손수건 갖고 다니기

물티슈는 플라스틱 성분이 들어 있어 분해되는 데 100년 이상이 걸려요. 대신 손수건을 사용하면 간단히 쓰레기를 줄일 수 있어요.

음식물을 남기지 않아요

음식물 쓰레기는 소각이나 매립 과정에서 환경을 오염시켜요. 특히 썩으면서 메탄가스를 배출해 지구 온난화를 일으켜요.

식단 계획하기

미리 식단을 계획하여 재료를 구입하면 버리는 것 없이 쓸 수 있어요. 또 덜어 먹는 습관을 들이면 반찬을 버릴 일이 줄어 음식물 쓰레기를 줄일 수 있어요.

간식 포장지 분리 배출하기

과자 봉지, 초콜릿 포장지는 깨끗이 털어 재활용해요. 우유갑도 깨끗이 씻어 말려 배출하면 다시 종이로 재활용할 수 있어요.

내 손으로 업사이클링 해요

버려지는 물건을 새롭게 활용하면 환경도 지키고 세상에 하나뿐인 작품도 만들 수 있어요.

헌 옷 다시 활용하기

낡은 티셔츠는 장바구니로, 청바지는 필통이나 쿠션 커버로, 양말은 손가락 인형으로 만들 수 있어요. 이 외에도 헌 옷을 업사이클링 할 수 있는 방법은 다양하답니다.

페트병 새롭게 변신하기

빈 페트병은 화분이나 연필꽂이로 활용할 수 있어요. 페트병 뚜껑을 비누에 꼽아 비누 받침대로 쓸 수도 있지요. 나만의 방법으로 업사이클링에 도전해 보세요!

대기 오염

- 환경 동아리 출동!
- 우리 동네 식물을 찾아라!
- 이끼, 이번에는 너로 정했다!
- 이끼로 꾸민 지구촌 담장

환경 동아리 출동!

"오늘도 미세 먼지 나쁨이야."

지지가 뿌연 바깥을 보며 임시 본부의 창문을 닫았어요.

"미세 먼지가 점점 더 자주 생기는 것 같아. 대기 오염이 심해지는 거겠지?"

구희가 걱정스럽게 말하자 경이가 기침을 하기 시작했어요.

"콜록콜록, 미세 먼지가 일주일째 계속되니까 기침도 나고 피부도 따끔거려."

경이의 기침이 심해지자, 환이가 물병을 건네주며 말했어요.

"그러니까 엄마가 마스크 쓰라고 했잖아. 왜 말을 안 들어?"

"답답해서 싫단 말이야! 그리고 환이, 너 오빠처럼 굴지 좀 마.

내가 1분 먼저 태어났다고."

지지는 환이와 경이가 티격태격하는 모습을 보고 고개를 절레절레 흔들었어요.

"그런데 혹시 대기 오염 때문에 곰팡이가 생긴 건 아닐까?"

경이가 곰팡이 이야기를 꺼내자, 환이가 핀잔을 주었어요.

"대기 오염이랑 곰팡이가 무슨 상관이야?"

"음, 대기 오염이 심해졌을 때 우리 학교에 곰팡이가 생겼으니까······. 뭔가 연관이 있을지도 몰라."

그때 지지가 어디선가 안경을 꺼내 쓰더니 진지한 얼굴로 말했어요.

"너희들, 페니실린을 어떻게 발견했는지 알아?"

뜬금없는 질문에 구희가 고개를 갸웃하며 되물었어요.

"페니실린?"

"응, 최초의 항생 물질 말이야. 내가 곰팡이에 대해 조사하다가 봤는데, 페니실린이 푸른곰팡이에서 만들어졌대."

"그게 대기 오염이랑 무슨 상관인데?"

"대기 오염이랑 특별히 관련이 있는 건 아니야. 그런데 내 이야기 좀 들어 봐. 페니실린을 처음 발견한 미생물학자 플레밍은 세균을 없앨 방법을 찾고 있었어. 어느 날 세균 배양 접시 덮개 덮는 걸 깜박하고 휴가를 다녀오니 배양 접시의 세균이 몽땅 죽어 있었대."

"헉! 그럼 실험을 망친 거야?"

"아니, 그 대신 푸른곰팡이가 자랐는데, 덕분에 항생제를 만들 수 있었어. 아래층 연구실에 푸른곰팡이 실험실이 있었거든. 공기 중에 떠다니던 푸른곰팡이 포자가 배양 접시로 옮겨 간 거지."

경이가 눈을 반짝이며 지지의 말을 받았어요.

"아하! 그러니까 곰팡이 포자가 공기를 타고 퍼지니까, 대기 오염이랑 곰팡이 발생이 관련 있다고 생각하는구나?"

"맞아."

곰곰이 듣던 구희도 고개를 끄덕이며 말했어요.

"그럴 수도 있겠다. 모든 가능성을 열어 두고 생각해 봐야지."

흐뭇하게 대화를 지켜보던 초록 쌤이 말했어요.

"맞아요. 가능성을 열어 두는 게 중요하죠. 지난번 쓰레기 문제를 조사하면서 곰팡이와 특별한 연관성은 찾지 못했지만, 성과는 있었어요. 쓰레기 문제를 더 잘 알게 됐고, 동네도 조금 더 깨끗해졌잖아요. 이제는 대기 오염에 관해 알아보면 어떨까요?"

아이들은 "네!" 하고 대답하며, 쓰레기 문제를 해결했을 때의 뿌듯함을 떠올렸어요.

초록 쌤은 몇 장의 사진을 화면에 띄웠어요. 한 장은 뿌옇게 흐려 앞이 잘 보이지 않는 사진이었는데, 중국 베이징의 한낮 풍경이라고 했어요.

"저 정도면 교통사고도 자주 나겠어요."

"아무래도 그렇지요. 스모그는 미세 먼지와 안개가 섞인 건데, 건강을 크게 위협해요. 호흡기 질환과 피부 질환을 일으키지요. 또 미세 먼지는 아주 작아서 폐 깊숙이 들어가 더 큰 질병을 일으킬 수도 있어요."

구희가 심각한 표정으로 사진을 보다 말했어요.

"할머니가 옛날에는 황사가 봄에만 있었다고 했어요. 그런데 요즘에는 시도 때도 없이 하늘이 뿌옇대요."

구희의 말을 듣던 초록 쌤이 고개를 끄덕이며 답했어요.

"맞아요. 예전에는 건조한 봄철에 중국 사막에서 모래 먼지가

날아왔어요. 그게 황사예요."

"중국에 사막이 있어요?"

"그럼요! 고비 사막과 몽골고원 같은 넓은 사막이 있죠. 문제는 사막이 점점 넓어진다는 거예요."

"중국 사막이랑 우리나라 황사랑 무슨 상관이 있나요?"

"사막의 흙먼지는 건조해서 바람에 날리기 쉬워요. 지구를 둘러싼 대기는 위치에 따라 일정한 방향으로 움직이는데, 우리나라 근처에서는 서쪽에서 동쪽으로 편서풍이 불어요. 그래서 우리나라 서쪽에 자리한 중국 사막의 먼지가 날아오는 거예요."

지지가 초록 쌤에게 물었어요.

"그러면 미세 먼지도 편서풍을 타고 온 거예요?"

"맞아요. 보통 중국에 스모그 현상이 생기고, 며칠 뒤 우리나라에 미세 먼지가 나타나요. 그래서 미세 먼지가 언제 심해질지 예측할 수 있어요."

경이가 기침을 하며 물었어요.

"콜록콜록, 그런데 왜 중국에 스모그 현상이 생기는 거예요?"

"중국은 주로 석탄으로 난방을 해요. 석탄을 태우면 미세 먼지가 많이 생기지요. 최근에는 자동차 배기가스와 공장도 큰 영향을 줘요. 중국에는 공장이 많은데, 공장에서 기계를 돌릴 때 연료를 계속 쓰니까요."

환이가 눈을 크게 뜨며 말했어요.

"그래서 사진 속 공장 굴뚝에서 연기가 많이 나는구나!"

"공장 굴뚝에서 나오는 연기에는 대기 오염 물질과 미세 먼지가 섞여 있어요. 원래는 오염 물질을 없애는 장치를 사용해야 하는데, 이를 지키지 않는 곳이 많아요."

환이가 다시 물었어요.

"그런데 왜 이렇게 중국에 공장이 많아요?"

"20세기 후반부터 선진국들이 인건비가 싼 개발 도상국에 공장을 많이 지었어요. 노동 인구가 많고 임금도 낮았거든요. 어떤 나라는 자기 나라에서 친환경 정책을 펼치려고 다른 나라에 공장을 세웠어요. 그러다 보니 전 세계에서 쓰는 많은 물건이 중국에서 만들어져요. 그만큼 미세 먼지도 많이 생기고요."

경이가 한숨을 쉬며 말했어요.

"어휴, 그러면 우리 모두의 책임이네요."

"맞아요. 우리도 중국 공장에서 만든 물건을 사잖아요. 또 우리나라 회사도 중국에 공장이 있고요. 공장에서 오염 물질을 배출하지 않는 게 중요하니, 소비자도 물건을 만들 때 생기는 환경 오염에 관심을 가져야 해요."

가만히 듣고 있던 환이가 물었어요.

"선생님, 뿌연 하늘을 막으려면 우리가 뭘 해야 할까요?"

"여러분이 한번 생각해 보면 어떨까요? 어른이 해결할 문제도 있지만, 어린이가 할 수 있는 일도 있으니까요."

어느덧 동아리 활동 시간이 끝나고 초록 쌤은 철새 보호를 위한 환경 대책 회의를 하러 떠났어요. 아이들은 지구초 환경 동아리 임시 본부에 계속 남아 고민했어요. 모두 비장한 표정으로 대기 오염 문제를 해결할 방법을 찾았죠.

태블릿으로 정보를 검색하던 지지가 말했어요.

"사막에는 물과 식물이 없잖아. 만약 식물이 있으면 황사나 미세 먼지를 줄일 수 있지 않을까?"

환이가 생각났다는 듯이 손뼉을 쳤어요.

"식물? 맞아, 엄마가 그랬는데 식물이 대기 오염 물질을 줄여 준대! 그래서 우리 집에는 초록색 미역처럼 생긴 식물이 방마다 있어."

"정말?"

지지가 놀라 되묻자, 경이가 거들었어요.

"나도 온라인 백과사전을 좀 찾아봤는데, 어떤 식물은 이산화 탄소를 흡수하고, 메탄 같은 온실가스도 흡착*해서 지구 온난화를 막아 준다더라."

흡착 공기나 물속의 작은 물질이 표면에 달라붙는 거예요.

구희가 고개를 끄덕였어요.

"아하, 그래서 사람들이 사막에 나무를 심는구나. 뉴스에서 본 적 있어."

"나도. 그러면 우리도 식물을 심을까? 우리가 중국에 가서 공장을 감시할 수는 없으니까."

지지가 밝은 표정으로 말했어요.

"좋은 생각이야. 식물을 심어서 대기 오염 물질을 줄이는 거야."

환이가 이어서 말했어요.

"그러면 먼저 우리 동네에 식물이 얼마나 있는지 조사해 보자. 식물을 심을 만한 곳도 찾아보면서."

"그래, 구역은 어떻게 나눌까?"

지지가 묻자 환이가 답했어요.

"지난번처럼 나누면 어떨까?"

경이가 고대를 끄덕이며 말했어요.

"좋아! 각 지역에 식물이 얼마나 있는지 조사한 다음에 이야기하자!"

아이들은 지구초 환경 동아리 임시 본부에서 각자 맡은 구역으로 발걸음을 옮겼어요. 하루라도 빨리 곰팡이 문제를 해결하고 싶은 마음이었지요.

환경 문제 찾아보기

숨 막히는 공기, 무슨 일이야?

중국 베이징은 한낮인데도 스모그 때문에 50미터 앞도 보이지 않을 때가 많아요. 이런 스모그는 공장 매연, 자동차 배기가스, 난방용 석탄에서 나온 대기 오염 물질이 안개와 만나 생기는 현상이에요.

스모그로 대기가 뿌연 베이징

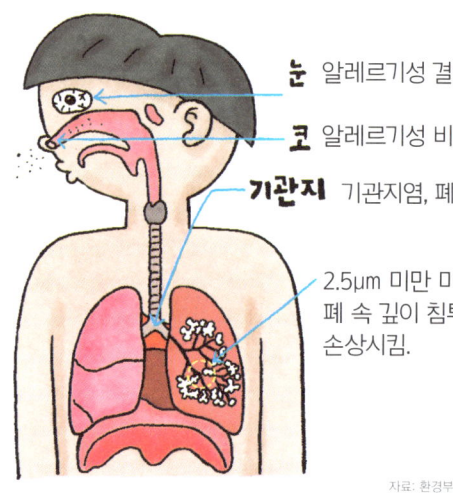

스모그는 미세 먼지를 포함하고 있어요. 미세 먼지는 공기 중에 떠다니는 아주 작은 먼지예요. 그중에서도 초미세 먼지는 폐와 혈관에 침투할 수 있어요. 세계보건기구(WHO)는 미세 먼지를 1급 발암 물질로 지정하며 건강에 큰 위협이 된다고 경고했어요. 특히 석탄을 많이 쓰는 겨울에는 호흡기나 심장 질환 환자가 크게 늘어요.

중국의 미세 먼지는 편서풍을 타고 우리나라까지 날아와 대기 오염을 악화시켜요. 우리나라는 미세 먼지 농도에 따라 '좋음, 보통, 나쁨, 매우 나쁨'으로 분류하고 주의보나 경보를 내리죠.

다행히 전 세계적으로 미세 먼지를 줄이기 위해 노력하고 있어요. 공장과 자동차에 미세 먼지 저감 장치를 설치하거나 화석 연료 사용을 줄이는 방법을 검토 중이지요.

단위: μg/m³

좋음	보통
미세 먼지 0~30, 초미세 먼지 0~15	미세 먼지 31~80, 초미세 먼지 16~35
대기 오염 관련 환자군에서도 영향이 유발되지 않을 수준	환자군에게 만성 노출 시 경미한 영향이 유발될 수 있는 수준
나쁨	**매우 나쁨**
미세 먼지 81~150, 초미세 먼지 36~7	미세 먼지 151 이상, 초미세 먼지 76 이상
환자군 및 민감군(어린이, 노약자)에게 유해한 영향 유발, 일반인도 건강상 불쾌감을 경험할 수 있는 수준	환자군 및 민감군에게 급성 노출 시 심각한 영향 유발, 일반인도 약한 영향이 유발될 수 있는 수준

미세 먼지 농도별 예보 등급

코로나19 시기에는 중국이 공장 가동을 멈추면서 우리나라 하늘이 맑은 날이 많았어요. 중국에 있는 세계 여러 기업의 공장에서 나온 대기 오염 물질이, 중국과 우리나라 대기에도 영향을 준 거예요. 결국 대기 오염은 한 나라만의 문제가 아니에요. 우리가 사용하는 물건이 대기 오염과 연결되어 있다는 사실을 잊지 마세요.

우리 동네 식물을 찾아라!

일주일 뒤 동아리 활동 시간, 지지는 아이들이 각자 조사해 온 식물 자료를 모았어요. 경이가 말했어요.

"내가 맡은 동네에는 빌라 앞에 화단이 있었어. 동네 공원에는 큰 나무 몇 그루가 전부였고."

학교 주변을 조사한 환이도 불만을 털어놓았지요.

"학교 근처 큰길에는 가로수가 있는데, 우리 학교에는 화단 하나 없더라. 이상하지 않아?"

병원과 상가 근처를 맡은 지지도 고개를 끄덕였어요.

"병원 앞에는 나무 다섯 그루가 다였어. 대문 앞에 커다란 꽃나무를 놓은 집이 그나마 눈에 띄었고."

시장과 아파트 단지를 조사한 구희도 고개를 저었어요.

"시장 골목에는 식물이 아예 없었어. 다행히 아파트 단지 안에는 나무와 화단이 조금 있었지만."

모두 우리 동네에 이렇게 식물이 없을 줄 몰랐다며 안타까워했어요. 특히 학교에 화단이 없다는 사실이 놀라웠죠. 화분을 둔 교실도 있었지만 없는 교실이 더 많았지요.

지지가 태블릿을 보며 말했어요.

"조사해 보니, 공기 정화 식물이 있대."

"우리 집에 있는 고무나무가 그런 식물이야!"

경이가 반가운 듯 외쳤어요. 지지는 말을 이어 갔지요.

"오, 고무나무! 미국 나사(NASA)에서 연구했는데, 식물이 물을 뿌리에서 잎까지 빨대처럼 빨아올릴 때 공기도 같이 움직인대. 그 과정에서 공기 중에 있는 먼지나 오염 물질을 흡수한다더라. 특히 식물 뿌리와 흙 속 미생물이 중요한 역할을 한대."

"우아, 나사에서 그런 연구도 해?"

경이가 눈을 반짝이며 물었어요.

"응, 우주선 안의 공기를 정화하려고 연구를 시작했대. 심각한 화학 물질이나 매연을 없애려면, 활성탄소나 여과 장치 같은 걸 함께 써야 효과적이래."

"우주에서도 식물이 필요하다니, 신기하다!"

아이들은 지지의 이야기에 감탄하며 고개를 끄덕였어요. 그리고 대기 오염을 줄일 방법을 고민했지요.

"화단을 만들어 보면 어떨까?"

"근데 어디에? 이 주변에는 화단을 만들 공간이 없잖아."

"구청이나 행정복지센터에 가서 물어보는 건 어때? 우리가 식물을 심어도 괜찮은 장소를 알려 줄지도 몰라."

경이가 아이디어를 내자, 모두 동의했어요.

"좋아, 바로 가 보자!"

잠시 후 아이들은 구청으로 향했어요. 하늘이 뿌옇고 미세 먼지가 심해 마스크를 써도 목이 칼칼했지요. 걷다 보니 어느 새 구청에 도착했어요.

지지가 구청 안내 센터에서 자초지종을 이야기하자, 직원은 아이들을 '녹지과'로 안내했어요. 녹지과가 공원이나 숲을 관리하고 환경을 보호하는 일을 담당하는 부서라면서요.

"안녕하세요. 저희는 지구초등학교 환경 동아리예요. 대기 오염을 줄이기 위해 식물을 심으려고 하는데, 혹시 마땅한 곳이 있을까요?"

녹지과 담당 아저씨는 '지구초등학교'라는 말을 듣고 반가운 미소를 지었어요.

"우리 딸도 내년에 지구초에 입학한단다. 이렇게 멋진 선배님들이 있다는 걸 알면 무척 좋아할 거야."

그 말을 들은 경이는 멋쩍은 듯 웃었어요. 아이들은 그 모습에 웃음을 터뜨렸지요. 그사이 아저씨가 자료를 한참 검색하더니 조금 어두운 얼굴로 말했어요.

"안타깝게도 우리 구는 텃밭 모집이 이미 끝났단다. 매년 초에 계획을 잡거든. 그렇다고 무덤이 있을지도 모르는 야산에 함부로 심으라고 할 수도 없고……. 정말 좋은 계획인데 아쉽구나. 내년에

다시 오렴. 지구초등학교에서 먼저 신청할 수 있도록 해 두마."

아저씨는 미안한 표정을 지었어요.

"괜찮아요. 고맙습니다."

지지와 친구들은 실망한 기색을 감추지 못했지만, 예의 바르게 대답했어요. 아저씨는 잠시 고민하더니 조언했어요.

"학교에 알아보는 게 어떻겠니? 학교에는 화단을 만들 만한 공간이 있을 수도 있잖아."

아이들은 꾸벅 감사 인사를 하고 구청을 나왔어요.

"이제 어떻게 하지? 지금은 학교에 갈 수 없는데."

구희가 걱정스럽게 말하자 지지가 나섰어요.

"일단 학교에 무엇을 하려면 교장 선생님의 허락이 있어야 해. 학교에 갈 수 없으니 초록 쌤께 말씀드려 보자."

"그래, 그래."

지지는 환경 동아리 단톡방을 열어 초록 쌤에게 상황을 알렸어요. 잠시 후 초록 쌤이 교장 선생님에게 여쭤보겠다고 답했지요.

"이제 기다리면 되나?"

"그동안 구희 이모네 꽃집에 가 보자. 좋은 아이디어가 있을지도 몰라!"

아이들은 구희 이모네 꽃집으로 향했어요. 다행히 구청에서 멀지 않은 곳이었어요.

환경 문제 깊이 알기

오염의 도미노 효과

환경 오염

공기, 땅, 물 등 우리를 둘러싼 모든 것이 환경이에요. 인간의 활동으로 환경이 손상되는 것을 '환경 오염'이라고 하죠. 환경은 서로 연결되어 있어서, 한 곳이 오염되면 다른 곳에도 영향을 줘요.

예를 들어, 공장에서 나온 대기 오염 물질이 비와 함께 땅으로 내려오면 토양이 오염돼요. 이 토양에서 나온 물이 강이나 바다로 흘러가면 수질 오염이 발생하지요. 깨끗한 환경을 위해서는 공기, 땅, 물 등 모든 환경을 함께 보호해야 해요.

대기 오염

대기 중에 오염 물질이 많아진 상태를 말해요. 오염 물질은 공장에서 나오는 1차 오염 물질(아황산가스, 일산화탄소 등)과 대기에서 화학 반응으로 생기는 2차 오염 물질로 나뉘어요.

대기 오염은 화산 폭발 같은 자연 현상으로도 생기지만, 대부분은 사람의 활동 때문에 발생해요. 1952년 런던에서는 공장 연기와 안개가 만나 스모그를 형성해 많은 사람이 병에 걸렸고, 1940년대 로스앤젤레스에서는 자동차 배기가스가 스모그를 일으켰어요. 스모그는 호흡기 질환 같은 심각한 건강 문제를 일으켜요.

토양 오염

땅도 오염될 수 있어요. 공장에서 나온 중금속, 농약, 비료, 매연 등 다양한 오염 물질이 토양에 스며들어 토양 오염이 일어나지요.

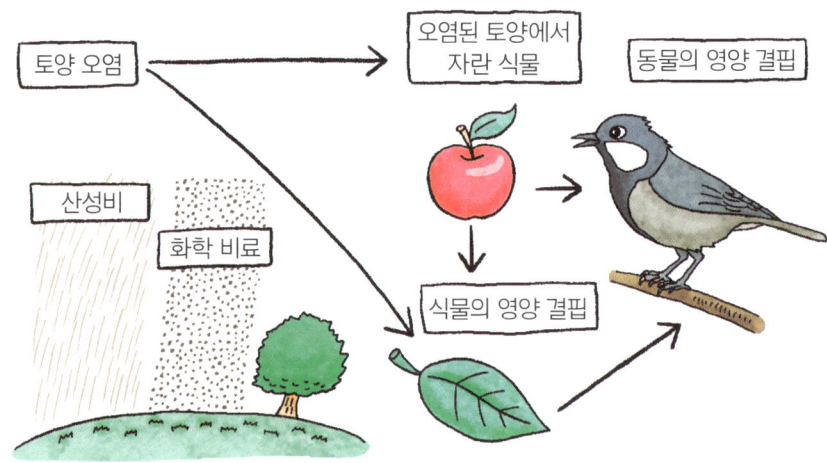

토양 오염이 생태계에 미치는 영향

특히 화석 연료에서 나온 이산화황과 이산화질소는 산성비를 만들어 땅을 산성화시키고, 흙 속 영양분을 빠르게 없애서 식물이 자라기 어려운 척박한 땅으로 바꿔요.

예전에 푸르렀던 독일과 네덜란드 숲도 산성비로 큰 피해를 입었어요. 대기 오염 물질이 땅을 오염시키면서 박새 같은 동물은 알을 부화하지 못하는 등 영향을 받았어요. 오염된 땅을 복구하려면 시간이 오래 걸리기 때문에 예방이 가장 중요해요.

수질 오염

물은 우리가 살아가는 데 무척 중요해요. 그런데 하천과 바다는 공장 폐수와 생활 하수로 오염돼요. 특히 축산 폐수는 물속 산소를 줄여 물을 붉게 만드는 적조 현상을 일으키지요. 바다에 유조선 사고로 기름이 유출되거나 방사능 오염수가 퍼지기도 했어요.

이렇게 오염된 물은 갯벌과 바다 생물에 큰 피해를 주고, 인간의 건강까지 위협해요. 산성비로 강과 호수가 오염되면 개구리나 물고기가 살기 어려워지고, 생태계에도 악영향을 미쳐요. 생태계가 무너지면 먹이 사슬 꼭대기에 있는 인간도 안전하지 못해요.

이끼, 이번에는 너로 정했다!

"여기야, 다 왔어."

지지는 구희가 안내한 상가로 들어섰어요. 꽃집은 1층에 있었어요. 로즈메리, 카네이션, 선인장, 알로카시아, 행운목 같은 화분들과 장미, 프리지어, 거베라, 들국화 같은 알록달록한 꽃들이 환하게 피어 있었지요. 작은 유리문을 열고 들어서자 향기로운 꽃 내음이 퍼졌고, 안쪽으로 넓은 공간이 나타났어요.

"이모!"

구희가 부르자 안쪽에서 화분을 매만지던 구희 이모가 앞치마에 손을 닦으며 나왔어요. 짧은 단발머리를 한 구희 이모는 웃을 때 눈이 보이지 않는 모습이 구희와 닮았어요.

"어머, 구희야! 어쩐 일이야? 휴교라더니 놀러 온 거야?"

"아니, 우리 동아리 활동 중이야."

"그래? 동아리 활동 중인데 놀러 왔냐고 해서 미안하네."

구희 이모는 아이들과 눈을 맞추며 환하게 웃었어요.

"너희가 구희 친구들이구나?"

구희 이모의 말에 아이들이 큰 소리로 인사했어요.

"안녕하세요! 저희는 지구초 환경 동아리예요."

"만나서 반가워. 구희가 환경 동아리라는 건 들었는데, 여기까지 무슨 일로 왔니?"

"대기 오염을 줄이는 방법을 찾아보다가 식물을 심어 보기로 했거든요."

지지의 말에 이모의 얼굴이 밝아졌어요.

"정말 좋은 생각이야! 식물은 잎으로 대기 중에 있는 오염 물질을 흡착하고, 이산화탄소도 줄여 준단다."

"그래서 어떤 식물이 좋을지 궁금해서 왔어요."

구희 이모가 고개를 끄덕이며 아이들을 화분이 놓인 선반 쪽으로 이끌었어요.

"파키라, 백량금, 멕시코 소철 같은 식물이 공기 정화에 좋아. 파키라는 굵은 줄기에 잎이 손바닥처럼 달려 있고, 멕시코 소철은 잎이 풍성해. 백량금은 빨간 열매가 열리지."

"모두 예쁘다!"

구희가 감탄했어요.

"그런데 어디에 심을 거니?"

이모의 질문에 지지가 아이들을 대표해 말했어요.

"아직 정하지 못했어요. 놀이터나 공원에 심고 싶었는데, 구청에서 허가해 줄 땅이 없다고 하더라고요. 그래서 학교에 화단을 만들 수 있는지 알아보고 있어요."

"학교에 화단이 없었어?"

"네, 나무만 몇 그루 있어요."

"화단도 없다니 너무한걸! 어린이들이 식물을 보며 자라면 참 좋을 텐데. 교장 선생님께 화단을 만들 수 있는지 꼭 물어봐야겠다. 그런데 학교가 작아서 공간이 걱정이구나."

지구초등학교는 생긴 지 얼마 안 된 데다 주택가와 상가, 시장 사이에 자리 잡아 넓지 않았어요. 사실 지지는 체육 시간에 운동장을 많이 뛰지 않아도 돼 좋았지만요.

"맞아요. 그래서 저희도 걱정이에요."

경이가 심각한 표정으로 말했어요.

"비행기를 타고 중국 고비 사막에 가서 나무를 심고 올 수도 없고 말이에요."

"이미 그런 일을 하는 사람도 있어."

환이가 경이의 말을 받았어요.

"그걸 누가 몰라? 하지만 우리가 지금 당장 갈 수는 없잖아."

경이와 환이가 티격태격하기 시작하자, 구희가 쌍둥이의 어깨를 가볍게 두드렸어요. 그러는 사이 주변을 살피던 지지가 말을 꺼냈어요.

"이건 뭐예요?"

지지는 초록색 곰돌이 모양의 작은 화분을 가리켰어요. 자세히 보니 풀같이 돋아나 있었죠.

"아, 그건 토피어리야. 곰돌이 모양 틀에 이끼를 키운 거야."

"와, 예쁘네요. 그런데 바위틈에 사는 그 이끼요?"

"맞아. 아주 작은 초록색 이끼. 이끼도 광합성을 해서 이산화 탄소를 줄이고 미세 먼지를 흡착하기도 해."

"정말요?"

모두 놀란 듯 이구동성으로 말했어요. 이모의 설명에 구희가 갑자기 손뼉을 치며 외쳤어요.

"어! 이거다!"

"뭐가?"

"이모, 이 이끼를 벽에도 심을 수 있어?"

"그럼! 이끼로 벽에 그림도 그릴 수 있어. 이거 봐."

구희 이모는 서랍에서 태블릿을 꺼내 큰 담벼락에 초록색 이끼를 멋진 모양으로 심어 놓은 사진 한 장을 보여 주었어요.

"모스 그라피티라고 해. 초록색 이끼로 벽에 그림을 그리는 친환경 작업이지."

"우리 학교도 이렇게 담장을 꾸미면 어떨까? 학교가 작아서 화단을 만들 땅이 별로 없잖아. 지금은 학교에 들어가지도 못하고."

"구희야, 너 천재야?"

구희의 말에 아이들은 환호성을 질렀어요.

"좋은 생각이야. 풀 한 포기라도 더 있으면 지구에 좋으니까!"

이모도 흐뭇하게 웃었어요. 그때 지지의 스마트폰 벨이 울렸어요. 초록 쌤의 전화였죠.

"네, 선생님. 저희 지금 구청 근처 꽃집이에요. 네? 교장 선생님께서 화상으로 저희를 보고 싶어 하신다고요?"

초록 쌤의 전화를 받은 지지와 친구들은 교장 선생님과 화상 회의를 하기 위해 다시 환경 동아리 임시 본부로 향했어요.

구희 이모는 좋은 이끼를 구해 주겠다고 약속했지요. 아이들은 이제 뭐든 잘될 것만 같아, 발걸음이 절로 가벼워졌어요.

세계 환경 운동 살펴보기

숨 쉬는 지구를 만드는 사람들

유엔 사막화 방지 협약

사막화는 기후 변화와 무분별한 벌목, 과도한 토지 개발 때문에 땅이 사막처럼 메말라 가는 현상을 말해요. 사막화가 진행되면 식물이 자라기 어렵고, 흙이 바람에 날아가면서 황사 같은 대기 오염이 생길 수 있어요. 농사를 짓기 어려워져 식량 문제도 발생할 수 있죠.

유엔(UN)은 이를 막기 위해 '사막화 방지 협약'을 만들었어요. 이 협약은 여러 나라가 사막화를 막는 프로그램을 운영하고, 특히 선진국이 개발 도상국을 지원한다는 내용을 담고 있어요.

사막을 숲으로

봄철이면 황사 때문에 하늘이 뿌옇게 흐려지는 건 모두 알고 있지요? 몽골의 사막에서도 뿌연 먼지가 날아와요. 몽골 사막 지역에도 30여 년 전에는 숲이 있었어요. 그런데 큰불이 나면서 사막이 되었죠. 우리나라의 한 기업은 몽골 사막에 다시 숲을 만드는 운동을 했어요. 2003년부터 2014년까지 약 천만 그루의 나무를 심어 숲을 만들었어요. 이 숲은 한 해 동안 약 150톤의 미세 먼지를 흡수하고 있어요. 우리나라로 날아오는 황사도 줄어들 뿐만 아니라, 산사태도 없어지고 야생 동물도 숲으로 돌아왔다고 하니 모두에게 좋은 일이죠.

공해 도시에서 친환경 도시로

미국 남동부 도시 채터누가는 공장이 많아 공기가 아주 나빴어요. 한낮에도 자동차 전조등을 켜야 할 정도였지요. 1969년 미국 환

세계에서 가장 긴 보행자 다리, 월넛 스트리트교

경 보호국이 최악의 대기 오염 도시로 지정하자, 시민들은 변화를 결심했어요. 공장에 배출 가스 필터를 설치하도록 요구하고, '파크 앤 라이드(Park and Ride)' 정책을 도입해 가까운 거리는 걸어 다녔어요. 또 테네시강 주변을 깨끗이 정리하고 '월넛 스트리트교(Walnut Street Bridge)'라는 보행자 전용 다리를 만들었지요. 이렇게 해서 채터누가는 친환경 도시로 거듭났어요.

하천에 흙공 던지기

하천이 오염되면 녹조 현상이 생겨요. 녹색 조류가 지나치게 자라 물을 가득 채우기 때문이지요. 그런데 이 녹조를 만드는 남조류가 독성 물질을 내뿜어 대기까지 오염시킨다는 사실을 알고 있나요? 하천이 오염되면 공기도 나빠질 수 있다는 뜻이에요.

하천을 살리기 위해 흙공을 던지는 청소년들

그래서 사람들은 하천에 특별한 흙공을 던지기로 했어요. 흙공은 황토에 유익한 미생물을 넣어 공처럼 만들고 발효시킨 거예요. 물속에 흙공을 던져 넣으면, 흙공이 풀어지면서 좋은 미생물이 퍼져 하천 오염을 줄일 수 있답니다.

플라스틱 도로

　네덜란드 북동부 도시 즈볼러에는 폐플라스틱으로 만든 도로가 있어요. 이 도로는 플라스틱 컵 21만 개 이상을 재활용해 만들었어요. 또 속이 빈 구조로 설계하여 빗물을 저장해 홍수를 예방할 수 있어요. 해수면보다 지대가 낮은 네덜란드에 딱 맞는 기능이지요. 게다가 가볍고 탄성이 있어 기존 아스팔트 도로보다 극한 온도를 더 잘 견딜 수 있답니다.

재활용 플라스틱으로 만든 네덜란드 자전거 도로

이끼로 꾸민 지구초 담장

"안녕하세요, 교장 선생님!"

지지는 노트북 화면에 교장 선생님이 나타나자 활짝 웃으며 인사했어요.

"그래, 잘 지냈니? 환경 동아리 친구들이 하고 싶은 게 뭘까?"

교장 선생님의 따뜻한 환영에 지지가 씩씩하게 답했어요.

"저희가 이번에 대기 오염에 대해 조사했어요. 그런데 우리 학교 근처에 식물이 거의 없다는 걸 알게 되었어요. 식물이 대기 오염을 줄여 줄 수 있는데도 말이에요. 그래서 학교에 식물을 심으려고 해요. 혹시 학교에 식물 심을 공간이 있을까요?"

지지가 숨도 쉬지 않고 랩을 하듯 말을 쏟아 내자, 교장 선생님이 기분 좋은 미소를 지으며 말했어요.

"허허, 대기 오염을 줄일 정도라면 넓은 공간이 필요할 텐데……. 너희도 알다시피 우리 학교는 지은 지 얼마 안 돼서 공간이 부족하단다."

환경 동아리 아이들이 어느 정도 예상했던 답이었어요. 학교 구석구석을 이미 잘 알고 있으니까요.

"그렇다면, 교장 선생님! 학교 담장을 사용해도 될까요?"

"담장?"

"네, 교문 양옆으로 펼쳐진 커다란 담장이요."

이번에는 구희가 차분하게 말을 이었어요.

"담장에 무얼 하려고 그러니?"

"이끼를 심으려고요!"

"이끼를…… 담장에 심는다고?"

교장 선생님은 놀란 표정으로 되물었어요.

"네, 이끼요! 저희가 준비한 제안서를 한번 봐 주세요."

구희는 노트북을 돌려 스크린 앞에 선 지지가 화상 회의 화면에 잘 보이도록 했어요. 지지는 준비한 발표 자료를 띄우며 교장 선생님에게 다시 한번 인사했어요.

"안녕하세요. 지구초등학교 환경 동아리 회장 지지입니다. 지금부터 '이끼로 지구초 담장 꾸미기' 계획을 발표하겠습니다. 먼저

저희가 만든 '우리 동네 식물 지도'를 보여드릴게요."

화면에 학교 주변 나무와 식물을 표시한 우리 동네 식물 지도가 띄워졌어요. 지도는 대부분 텅 비어 있었고 나무는 몇 그루뿐이었지요. 이어서 지지는 최근 대기 오염과 미세 먼지 수치를 보여 주었어요.

"요즘은 스마트폰으로도 지역별 미세 먼지와 대기 오염 정보를 쉽게 확인할 수 있어요. 자료를 보면, 우리 지역이 생각보다 대기 오염 수치가 높다는 걸 알 수 있어요."

다음 화면에는 식물이 공기를 정화하는 방법이 나왔어요.

"식물은 광합성을 하면서 이산화탄소를 흡수하고, 오염 물질을 흡착해요. 또 물을 흡수하고 내보내는 증산 작용으로 공기를 깨끗하게 정화하지요. 그래서 도심에 나무와 식물이 많을수록 공기 질이 좋아지는 거예요."

지지가 화면을 넘기자 푸른 이끼가 가득한 사진이 나왔어요.

"저희는 대기 오염 해결책으로 이끼를 활용하고 싶어요. 이끼는 바닥에 붙어 자라는 작은 식물이지만, 생태계에서 중요한 역할을 해요. 오염 물질을 줄이는 것은 물론, 땅을 더 기름지게 만들어요. 이끼가 만든 부식토˙는 다른 식물이 뿌리를 잘 내릴 수 있도록 돕거든요. 또 세포 속에 물을 저장해서 비가 많이 올 때는 홍수를 막고, 건조할 때는 물을 내놓아 가뭄 피해를 줄여 줘요."

교장 선생님은 잠시 골똘히 생각한 뒤 물었어요.

"그렇지만 이끼는 나무처럼 크지 않고, 잎이 많은 식물도 아닌데? 그런 작은 식물이 공기 정화에 얼마나 도움이 될까?"

지지는 미소를 지으며 다시 화면을 넘겼어요.

"이끼는 작지만, 공기 정화 능력이 뛰어나요. 이끼 표면에는 미세한 털이 있어서 공기 중 오염 물질을 붙잡아 두고, 물을 머금어 습도를 조절해요."

지지가 이끼에 관해 설명하는 동안, 환이와 경이가 곰돌이 틀

부식토 식물이 썩어서 만들어진 기름지고 양분이 많은 흙이에요.

에 이끼를 덮어 만든 토피어리를 들어 올렸어요.

"또한 실내에 이끼를 활용한 토피어리를 두면 공기 정화와 가습 효과를 동시에 얻을 수 있어요."

지지가 토피어리를 소개하자 교장 선생님이 눈을 반짝였어요. 지지는 재빨리 멋진 모스 그라피티 사진을 화면에 띄웠어요.

"야외에서는 모스 그라피티를 사용할 수 있어요. 그라피티는 보통 페인트로 벽에 그림을 그리는 예술인데, 모스 그라피티는 페인트 대신 이끼를 활용해 꾸미는 거예요. 만약 지구초등학교 담장에 모스 그라피티를 만든다면, 보기에도 좋고 공기 정화와 이산화탄소 흡수 효과도 있어 일석삼조입니다! 이상으로 발표를 마치겠습니다!"

지지가 환경 동아리 부원들과 교장 선생님에게 꾸벅 인사를 했어요. 교장 선생님은 함박웃음을 지으며 손뼉을 쳤어요.

"정말 멋진 아이디어구나. 어린이들이 이렇게 훌륭한 생각을 하다니, 교장 선생님은 너무나 기쁘단다. 초등학교 담장은 언제든지 써도 좋아. 필요한 것이 있으면 꼭 말하렴. 이끼를 살 예산도 마련해 놓으마. 선생님과 상의해서 구체적인 계획을 세우고 알려 주렴."

교장 선생님의 말씀에 아이들은 환호성을 질렀어요.

"교장 선생님, 감사합니다!"

"그래. 다만 곰팡이가 없어질 때까지 학교 안으로 들어오면 안

되는 건 알지?"

"네!"

지지는 교장 선생님과의 화상 회의를 마치고 기쁜 마음으로 친구들과 하이 파이브를 했어요.

지지가 친구들을 보며 말했어요.

"이제 우리가 뭘 해야 하지?"

"이끼가 대기 오염 물질을 없애는 데 얼마나 효과가 있는지 확인하고, 학교 담장에 어떤 그림을 그릴지 정해야지."

"크기도 정해야 해. 그래야 필요한 이끼 양도 알 수 있잖아."

"우아, 정말 기대돼!"

지구초 환경 동아리 아이들은 바쁜 나날을 보냈어요. 자료를 찾고, 향 연기를 피워 이끼가 대기 속 오염 물질을 흡수하는지 실험했어요. 학교 담장에 어울리는 그림을 구상하고 스케치한 뒤, 크기를 재어 필요한 이끼의 양도 확인했어요. 이후 교장 선생님에게 계획서를 보내고, 구의회에서 지구초등학교 모스 그라피티 계획을 발표했지요. 다행히 구의회에서 긍정적인 평가를 받아 필요한 비용을 지원받았어요.

몇 주 뒤, 자원봉사자 어린이들과 함께 학교 담장을 멋지게 꾸미기 시작했어요. 지구초등학교 담장에 초록색 이끼로 만든 커다란 고래 여러 마리가 생겨났지요. 보기만 해도 싱그러운 풍경에

모두 감탄했어요.

　교장 선생님은 완성된 담장을 바라보며 감격한 듯 눈물을 글썽였어요.

　"우리 지구초가 정말 푸르러졌구나! 곰팡이가 완전히 제거되면 학교 옥상에도 초록 화단을 만들어야겠다."

　지지와 친구들은 곧바로 옥상에 심을 식물을 알아보기 시작했어요. 그렇게 지구초등학교는 주변 이웃과 학교에도 입소문이 나서, 담장을 보러 오는 사람들로 한동안 북적북적했어요.

일상 속 환경 운동

맑은 공기, 함께 만들어요!

배기가스를 줄여요

대중교통 이용하기

자동차 배기가스는 공기를 오염시키는 주요 원인이에요. 자가용 대신 버스나 지하철 같은 대중교통을 이용하면 에너지를 절약하고, 오염 물질을 줄일 수 있어요.

걷기 운동 실천하기

가까운 거리를 이동할 때 걷는 습관을 들이면 대기 오염도 줄이고 건강도 챙길 수 있어요. 걷기에 조금 먼 거리라면 공공 자전거를 이용하는 것도 도움이 돼요.

화학 제품 사용을 줄여요
방향제 대신 자연 환기하기
캔들, 디퓨저 같은 방향제에서 나오는 화학 물질이 공기 중에서 분해되며 오존층을 해치고, 대기오염을 유발해요. 이 대신 창문을 열어 환기하면 환경을 보호할 수 있어요.

화학 성분이 든 제품 사용을 줄이기
헤어스프레이, 향수, 살충제 등 에어로졸* 제품은 미세 먼지 발생에도 영향을 줘요. 사용을 줄이거나 친환경 제품을 쓰는 게 좋아요.

식물을 키워요
공기 정화 식물 키우기
식물을 키우면 이산화탄소를 줄일 수 있어요. 나사(NASA)가 선정한 대표적인 공기 정화 식물로 아레카야자와 관음죽이 있어요.

텃밭 가꾸기
지자체에서 운영하는 텃밭 프로그램을 이용해 보세요. 대기 오염을 줄이며 직접 기른 작물을 수확하는 기쁨도 느낄 수 있어요.

에어로졸 가스를 이용해 액체를 뿌리는 스프레이 제품이에요.

기후 변화

- 환경 동아리, 원점에서 다시 시작!
- 지구가 뜨거워지는 속도를 늦추자!
- 합쳐서 'O'이 되도록 탄소 중립!
- 디지털을 멈출 수 있을까?

환경 동아리, 원점에서 다시 시작!

어느덧 무더위가 찾아왔어요. 지지는 창문을 활짝 열고도 부채질을 멈출 수 없었지요.

그때 환이가 문을 활짝 열며 들어왔어요.

"내가 어제 SNS에서 메시지를 몇 개나 받았는지 알아? 모스 그라피티를 설치한 뒤로 우리 환경 동아리가 유명해진 것 같아!"

먼저 와 있던 경이가 걱정스러운 목소리로 물었어요.

"너 아직 SNS 안 지웠어? 엄마가 그만하라고 했잖아."

"내일 지울게. 오늘까지만 이 기분 좀 느끼고."

환이의 말에 지지가 빙긋 웃었어요.

"나한테는 우리 마을 신문사에서 연락이 왔어. 우리가 같은 해

시태그를 달아서 찾기 쉬웠나 봐."

조용히 듣던 구희도 입을 열었어요.

"나도 유치원 때 친구들한테 연락 왔어. 지나가다가 지구초 담장을 봤는데 정말 멋지대!"

"우리 담장 진짜 멋지지!"

경이와 환이가 동시에 말하자 임시 본부 안이 웃음바다가 되었어요.

지지는 뿌듯했지만 곰팡이 문제의 원인을 찾지 못한 것이 마음에 걸렸어요. 자료 검색이 특기였지만, 곰팡이와 쓰레기, 대기 오염의 연관성을 나타내는 자료를 찾지 못했거든요. 그렇다고 곰팡이를 가져와 실험할 수도 없는 노릇이니 답답하기만 했죠.

때마침 지지의 고민을 눈치챘는지 구희가 말했어요.

"참, 곰팡이 제거 작업은 많이 진행됐대. 우리 이모가 이끼 담장을 확인하려고 학교 앞에 갔다가 선생님들께 들었다더라."

"정말? 그렇지 않아도 궁금했어. 그런데 곰팡이는 왜 생긴 걸까? 날이 점점 더워지니 빨리 원인을 찾아야 할 텐데."

지지가 걱정스레 말하자 구희가 맞장구쳤어요.

"그러게. 생각해 보면 그전에는 학교에 쓰레기 문제도, 대기 오염 문제도 딱히 없었잖아. 교장 선생님께서 얼마나 쓸고 닦으셨는지 생각해 보면……."

경이도 고개를 끄덕였어요.

"그건 그래. 작년 여름 방학 때 교실마다 공기 청정기도 새로 설치했잖아. 공기가 더 나빠진 건 아닌 것 같은데……."

지지가 손부채질을 하며 한숨을 쉬었어요.

"대체 뭐 때문에 곰팡이가 생긴 걸까?"

혼잣말을 하던 지지는 인상을 찌푸렸죠.

"아휴, 그런데 왜 이렇게 더워! 아직 5월인데!"

그때 초록 쌤이 지지에게 부채를 건네주며 말했어요.

"날이 많이 덥죠? 그래도 지구초 이끼 담장 덕분인지 공기가 한결 맑아졌어요."

"선생님, 안녕하세요!"

아이들이 반갑게 인사하자 초록 쌤이 차분하게 물었어요.

"여러분은 지구초가 작년과 달라진 게 뭐라고 생각해요? 꼭 작년이 아니어도 돼요. 곰팡이가 시작된 시기를 떠올려 보면 원인을 찾는 데 도움이 될 거예요."

그때 지지가 부채질을 멈추고 말했어요.

"선생님, 혹시 곰팡이가 더워진 날씨 때문일 수도 있나요? 작년 겨울은 유난히 따뜻했잖아요. 올해는 벌써 무더위가 시작되었고요."

"우리가 전에 했던 이야기 기억하죠? 모든 가능성을 열어 두고 생각해 보자고요."

초록 쌤의 말에 환이가 외쳤어요.

"맞아요, 선생님! 전과 달라진 건 바로 날씨예요!"

그러자 묵묵히 듣고 있던 구희도 덧붙였어요.

"뉴스에서도 지난겨울이 기상 관측 사상 가장 따뜻했다고 했어요. 지구 온난화를 걱정하는 과학자들이 나와 설명하더라고요."

초록 쌤이 진지한 표정으로 물었어요.

"그렇다면 더워진 날씨와 곰팡이가 연관 있다는 근거가 있나요? 아주 작은 것도 좋아요. 생각은 그렇게 넓혀 가는 거니까요."

"쥐불놀이요!"

경이가 말하자 아이들이 눈을 동그랗게 떴어요.

"정월 대보름에 하는 쥐불놀이요. 봄 농사를 잘 짓기 위해 겨울 동안 들판에 불을 놓아 해충을 없앤다고 하잖아요. 할아버지가 쥐불놀이 이야기를 하시면서, 겨울에 추워야 해충이 죽는다고 하셨어요. 음, 이게 관련이 있을까요?"

지지가 고개를 갸우뚱하는 사이, 구희가 반짝이는 눈으로 말했어요.

"코로나19요!"

"갑자기 코로나19?"

경이가 의아해하자 구희가 고개를 끄덕였어요.

"책에서 봤어요. 코로나19가 시작된 이유 중 하나가 기후 변화 때문이래요. 기후 변화 때문에 야생 동물이 원래 살던 곳을 떠나 인간과 접촉했고, 그래서 바이러스가 인간에게 옮겨 갔다고요. 곰팡이도 비슷하지 않을까요? 기후 변화로 곰팡이의 번식 환경이 변했을 수도 있잖아요."

"좋아요. 여러분은 유난히 따뜻했던 작년 겨울 날씨를 의심하는군요. 그럼, 이번에는 기후 변화와 지구 온난화에 대해 알아보는 게 어떨까요?"

초록 쌤의 제안에 지지가 의견을 덧붙였어요.

"재작년부터 올해까지 기온과 습도가 어떻게 달라졌는지 찾아봐야겠어요. 기상청 홈페이지에 자료가 있을 거예요."

초록 쌤은 고개를 끄덕이며 화면에 사진을 몇 장 띄웠어요. 산불, 태풍, 홍수, 가뭄으로 고통받는 사람들의 모습이었어요.

"우리 지구의 현재 상황이에요. 어떤 곳은 기온이 올라 산불이 끊이지 않고, 어떤 곳은 홍수로 집과 마을이 잠겼죠. 또 어떤 곳은 가뭄으로 물과 음식이 부족해지거나 태풍으로 도시가 무너지기도 했어요."

지지는 사진을 보며 마치 지옥 같다고 생각했어요. 매일 태풍과 홍수, 산불이 반복되는 세상은 지옥 불구덩이와 다를 바 없었지요.

"선생님, 예전보다 산불이 더 자주 나는 거예요?"

구희의 질문에 초록 쌤이 고개를 끄덕이며 대답했어요.

"맞아요. 산불처럼 현재 지구촌에서 일어나는 일들이 예전에는 드물었어요. 기후가 예측할 수 없이 변하는 것을 이상 기후라고 하는데, 이런 이상 기후가 빈번해지는 건 지구 온난화와 깊은 관련이 있어요."

환경 문제 찾아보기

기후 변화의 무서운 얼굴

 2025년, 미국 서부 최대 도시 로스앤젤레스에서 대형 산불이 발생했어요. 극심한 가뭄과 강풍 속에서 3주 넘게 이어진 산불은

로스앤젤레스에서 발생한 산불

24일 만에 겨우 진압되었어요. 그 사이 주택과 건물이 1만 6,000채 넘게 불에 타 사라졌어요. 기상학자들은 지구 온난화로 인한 장기적인 가뭄을 주요 원인으로 지목했어요.

2024년에는 유럽 중부와 동부 여러 나라가 태풍 '보리스'로 큰 피해를 입었어요. 장기간의 폭우로 심각한 홍수가 발생했지요. 비정상적으로 따뜻하고 습한 공기가 충돌하면서 태풍의 위력이 더 커졌다고 해요.

소말리아 바이도아에는 극심한 가뭄으로 고향을 떠난 사람들이 모여 살고 있어요. 2020년부터 비가 거의 오지 않아 식수는 물론 가축과 농작물도 큰 피해를 입었지요. 2023년 기준으로 60만 명이 넘는 사람들이 난민 캠프에 머물고 있어요.

홍수로 물에 잠긴 폴란드

2024년 여름, 전 세계는 유례없는 폭염에 시달렸어요. 우리나라의 8월 평균 기온은 평년*보다 2.8도나 높았고, 미국 데스밸리는 기온이 53도까지 치솟았어요. 멕시코에서는 폭염 때문에 원숭이 138마리가 목숨을 잃었어요.

반대로 같은 해 겨울, 핀란드와 스웨덴은 기온이 영하 40도까지 내려갔고, 캘리포니아에서는 여름에 눈이 7센티미터나 쌓이는 이례적인 일이 벌어졌어요.

또 플로리다를 강타한 허리케인으로 200명 넘게 사망했고, 중국과 베트남에도 강력한 태풍이 상륙했어요.

이처럼 전 세계 곳곳에서 한파, 폭염, 홍수, 가뭄 같은 이상 기후가 계속되며 사람과 동물의 생명을 위협하고, 큰 경제적 피해를 주고 있어요. 많은 사람이 이런 현상의 원인으로 지구 온난화를 지목하고 있어요.

평년 최근 30년 동안의 평균 기온을 말해요.

지구가 뜨거워지는 속도를 늦추자!

 자료 찾기라면 누구보다 자신 있는 지지는 서울의 최근 30년간 기상 자료를 환경 동아리 임시 본부에 펼쳐 놓고 뿌듯하게 웃었어요.

 "기상청 홈페이지는 처음 들어가 봤는데, 자료가 생각보다 잘 정리돼 있더라!"

 자료를 들여다보던 환이가 눈을 동그랗게 떴어요.

 "우아, 엄청 많네! 근데 보기만 해도 머리 아픈 것 같아."

 지지가 자신 있게 말했어요.

 "아냐! 보기에는 많아도 정리하면 금방 이해할 수 있어. 이걸 보면 겨울 기온이 어떻게 변했는지 알 수 있을 거야."

최근 30년 동안 서울의 겨울철 평균 기온

지지는 자료를 가리키며 설명을 시작했어요.

"이것 봐. 겨울철 평균 기온이 1994년에는 0.1도였고, 2023년에는 1.5도였어. 최근 30년 동안 겨울철 평균 기온은 영하 0.37도였는데, 평균 기온이 가장 낮았던 해인 2017년에는 영하 2.5도, 가장 높았던 해인 2006년에는 1.9도였어. 겨울철 평균 기온이 영상인 때도 12번이나 있었어."

환이가 자료를 유심히 보며 말했어요.

"2023년 겨울철 평균 기온이 최근 3년보다 더 따뜻했네. 그동안 겨울이 따뜻했던 적은 있어도, 기온이 이렇게 크게 올랐던 적은 드물잖아."

지지가 고개를 끄덕이며 덧붙였어요.

"맞아. 게다가 최근 30년 동안 겨울철 평균 강수량은 66.41밀리

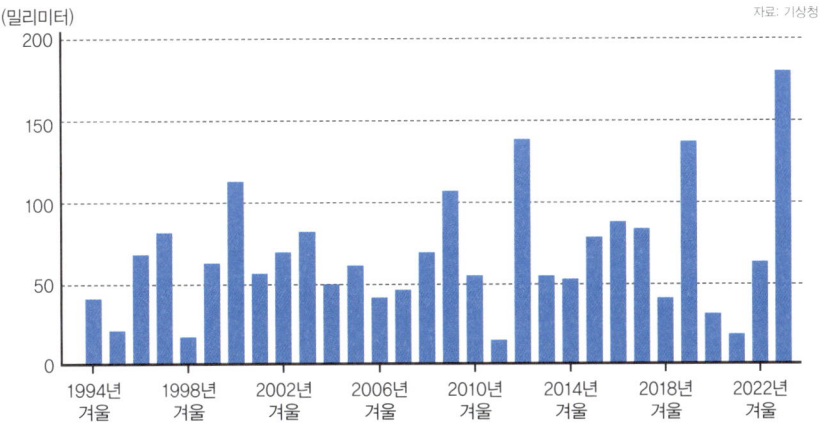

최근 30년 동안 서울의 겨울철 평균 강수량

미터였어. 그런데 2023년 겨울에는 비가 무려 179.5밀리미터나 내렸지. 우리나라에서 겨울에 비가 이렇게 많이 오는 건 정말 보기 드문 일이야. 참고로 1994년 겨울에는 40.3밀리미터, 2004년에는 48.9밀리미터, 2014년에는 51.9밀리미터였거든."

"2023년 겨울은 다른 때보다 따뜻하고 비도 많이 왔구나!"

지지가 이어 말했어요.

"어쩌면 우리 학교에 곰팡이가 생긴 건 점점 높아지는 기온과 강수량 때문일지도 몰라. 결국 기후 변화가 그 원인이라고 볼 수 있지."

아이들이 고개를 끄덕이는 사이 경이가 뭔가를 찾아낸 듯 기사를 보여 주었어요.

"나도 자료를 좀 찾아봤는데, 기후 변화로 우리나라 남쪽 지역에서만 나던 사과가 이제 북쪽 지역에서도 재배되기 시작했대. 그리고 남극에서 곰팡이에 감염된 꽃이 발견됐고, 다른 지역에서도 농작물이 전에 없던 곰팡이에 감염되어 큰 손실을 봤대."

"정말? 남극에서도?"

환이의 눈이 동그래졌어요. 이를 지켜보던 초록 쌤도 빙긋 웃으며 메모했지요.

"모두 훌륭한 자료예요. 2023년 겨울의 이례적인 기온과 강수량도, 곰팡이와 기후 변화의 관련성도 중요한 정보네요. 이건 기억해 둬야겠어요."

"곰팡이를 직접 검증해 볼 수는 없지만, 이 가설을 보고서로 정리해서 교장 선생님께 드리면 어떨까요? 연구소에서 검증할 수 있도록 도와주실지도 몰라요!"

구희의 말에 모두 고개를 끄덕였어요. 곰팡이는 위험해 반출이 어렵다던 초록 쌤도 흐뭇한 미소를 지었어요.

"그런데 왜 지구가 더워지는 거예요?"

경이의 질문에 초록 쌤이 화면에 자료를 띄웠어요. 영어로 된 보고서여서 지지는 내용을 바로 이해하기 어려웠어요.

"지구의 평균 기온은 점점 높아지고 있어요. 특히 화석 연료를 많이 쓰기 시작한 산업 혁명 이후로 이산화탄소가 늘어 평균 기온이 올라간 거예요."

경이가 심각한 표정으로 물었어요.

"평균 기온이 얼마나 높아졌어요?"

"최근에 1.52도까지 올랐다는 연구 결과가 있어요. 2015년 파리기후변화협약에서 각국 대표가 모여 1.5도 이상 오르지 않도록 하자고 협의했는데, 이미 넘어서고 있지요."

그러자 환이가 웃으며 말했어요.

"에이, 1.5도 높아진다고 무슨 일이 생기겠어요? 오늘만 해도 아침에는 13도였는데, 지금은 27.3도잖아요."

초록 쌤은 진지한 표정으로 대답했어요.

"하루 기온은 크게 변할 수 있지만, 문제는 지구 전체의 평균 기온이에요. 과학자들은 평균 기온이 2도 이상 오르면 이상 기후가 더 심해지고, 되돌릴 수 없는 상황이 온다고 경고해요."

지지는 지난 시간에 봤던 이상 기후 사진들을 떠올렸어요. 지구가 언제 어떻게 지옥같이 변할지 모른다고 생각하니 걱정스러웠어요.

"그럼 우리는 이렇게 아무것도 안 하고 가만히 있을 수밖에 없어요?"

환이의 표정도 조금은 심각해졌어요.

"이미 1.52도나 올랐다면서요. 홍수나 폭염 같은 이상 기후는 이제 돌이킬 수 없는 거 아닌가요?"

그때 지지가 울컥하며 외쳤어요.

"무슨 소리야! 지구가 망해 가는 걸 가만히 보고만 있을 수는 없어!"

경이도 고개를 끄덕였어요.

"맞아! 아직 2도가 오른 건 아니잖아. 우리가 막아야지."

하지만 환이는 여전히 우울한 표정이었어요.

"우리가 뭘 할 수 있겠어? 어른들도 못 막는데."

경이가 발끈하며 말했어요.

"너, SNS나 지우고 그런 말해!"

"네가 엄마한테 일렀지? 나 SNS 아직 안 지웠다고!"

두 사람이 티격태격하려는 순간, 초록 쌤이 나섰어요.

"여러분, 진정해요. 지구가 망가진다고 해서 우리도 같이 망가지면 안 되죠. 지금이라도 늦지 않았어요. 작은 힘이라도, 모이면 큰 변화를 만들 수 있어요."

지지가 두 주먹을 불끈 쥐며 물었어요.

"우리가 뭘 해야 하죠?"

환이가 답했어요.

"지구 온난화를 일으키는 이산화탄소를 줄여야지!"

초록 쌤도 고개를 끄덕이며 말했어요.

"지구가 더워지는 건 이산화탄소가 대기에 머물며 태양열이 빠져나가지 못하게 하기 때문이에요. 온실처럼 지구를 따뜻하게 한다는 뜻에서 이런 기체를 '온실가스'라고 부르지요."

"그럼 간단하네요!"

경이가 신이 난 얼굴로 외쳤어요.

"온실가스를 줄이면 되잖아요!"

환경 문제 깊이 알기

뜨거운 지구, 탄소 중립의 힘

지구 온난화

지구 온난화는 지구 평균 기온이 점점 높아지는 현상이에요. 문제는 기온이 너무 빨리 오르고 있다는 거예요. 유럽 연합 기후변화

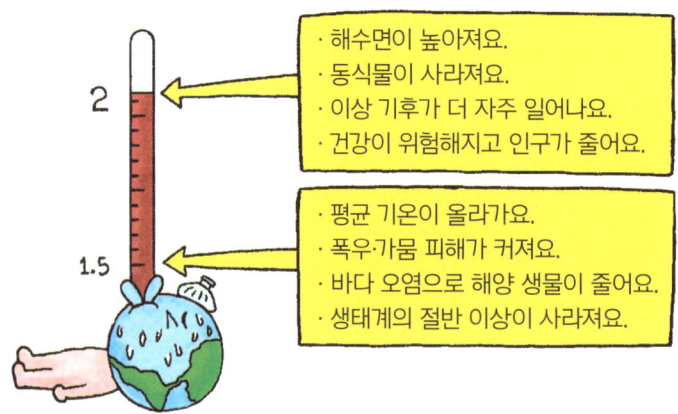

지구 평균 기온이 오르면 생기는 일

감시기구에 따르면, 2023년 2월부터 2024년 1월까지 평균 기온이 산업화 이전보다 1.52도 높아졌어요.

2015년 파리기후변화협약에서는 지구 평균 기온 상승 폭을 1.5도 이하로 제한하자고 약속했어요. 2018년 기후 변화에 관한 정부 간 협의체(IPCC) 총회에서도 이 한계를 지켜야 한다고 강조했지요. 하지만 여러 노력에도 기온 상승 폭이 1.5도를 넘어 생태계와 인류에 큰 위협이 되고 있어요.

온실 효과

지구가 점점 더워지는 가장 큰 이유는 '온실 효과' 때문이에요. 예전에는 태양에서 온 빛과 열 일부가 지구 밖으로 나갔지만, 지금은 대기에 갇혀서 지구를 더 뜨겁게 하고 있어요. 이 현상을 온실 효과라고 해요. 유리로 둘러싸인 따뜻한 온실 같다는 의미로 붙여진 이름이에요.

온실 효과를 일으키는 주범은 온실가스예요. 이산화탄소, 메테인, 이산화질소, 수소불화탄소, 과불화탄소, 육불화황 같은 기체가 대표적이지요. 특히 이산화탄소는 발전소, 공장, 자동차에 쓰이는 화석 연료를 태울 때 많이 발생해요. 지구 온난화는 인류가 산업 혁명 이후 화석 연료를 쓰기 시작하면서 나타났어요.

기후 위기

온실 효과로 기후 변화가 심해지면서 많은 문제가 생겼어요. 극지방의 빙하가 녹아 해수면이 상승하고, 대형 산불과 극심한 더위, 폭우가 번갈아 나타났어요. 투발루나 몰디브 같은 섬이 바다에 잠겨 사람들이 살 곳을 잃었어요.

사람뿐만 아니라 동식물도 피해를 입었어요. 지난 70년간 산호초의 절반 이상이 사라졌어요. 만약 지구의 평균 기온이 2도 이상 오른다면 더 심각한 문제가 생길 거예요. 지금이야말로 우리가 행동해야 할 때예요!

바다에 잠겨 가는 투발루

탄소 중립

지구 온난화를 막으려면 온실가스, 특히 이산화탄소 배출을 줄여야 해요. 다행히 식물이 이산화탄소를 흡수하지만, 배출량이 흡수량보다 많으면 지구 온난화가 계속될 수밖에 없어요. 그래서 '탄소 중립'이 중요해요. 탄소 중립은 이산화탄소 배출량을 지구가 흡수할 수 있는 수준으로 줄여 순 배출량을 '0'이 되게 하는 것을 말해요.

전 세계는 2050년까지 탄소 중립을 이루고 지구 평균 기온 상승 폭을 1.5도 이내로 제한하기로 했어요. 이를 위해 각 나라는 탄소 배출량을 정해 놓고, 초과한 배출량만큼 돈을 주고 탄소 배출권을 사야 해요.

그린 워싱

초록색은 친환경을 상징하는 색이에요. 그런데 최근 기후 위기로 탄소 중립 정책이 중요해지면서, 겉으로만 탄소 중립을 외치는 기업들이 생겨났어요. 정부가 탄소 중립을 위해 노력하지 않는 기업은 경제 활동이 어렵도록 제재를 주었거든요.

친환경적인 제품을 만드는 것처럼 홍보하지만, 실제로는 탄소 중립에 도움이 되지 않는 기업의 행위를 '그린 워싱(Green washing)'이라고 불러요. 그린 워싱은 녹색(Green)과 세탁(washing)을 합친 말로, 친환경적인 척하는 행동을 뜻해요. 소비자들은 그린 워싱을 주의 깊게 살피고, 진정한 친환경 제품을 선택해야 해요.

합쳐서 '0'이 되도록, 탄소 중립!

환경 동아리 임시 본부에 모인 구희, 환이, 경이 주위로 지지가 바쁘게 걸어 다니고 있었어요.

"어지러워, 좀 앉아 봐."

환이의 말에 지지가 머쓱한 듯 웃었어요.

"사실 내 발자국이 생기나 보고 있었어."

"발자국?"

환이가 고개를 갸웃하자, 구희가 웃으며 말했어요.

"너, 탄소 발자국 이야기하는구나?"

"맞아! 오늘 탄소 발자국에 대해 조사해 왔거든."

지지가 화면에 탄소 발자국 자료를 띄우자 초록 쌤이 미소 지었어요.

"이산화탄소를 줄여야 한다는 얘기만 했는데, 지지가 자료 조사까지 해 왔군요. 모두 들어 볼까요?"

구희가 손뼉을 치며 말했어요.

"나도 뉴스 볼 때마다 궁금했는데!"

지지는 자료를 보며 설명을 시작했어요.

"우리가 길을 걸을 때 남기는 발자국처럼, 어떤 물건을 만들거나 사용할 때 나오는 탄소의 총량을 '탄소 발자국'이라고 해."

구희가 눈을 반짝이며 물었어요.

"그럼 탄소 발자국이 적을수록 탄소가 적게 나온다는 거네?"

일상 속 탄소 발자국

과자 한 봉지 생산 시
250g

소고기 320g 생산 시
4,390g

두루마리 화장지 1개 생산 시
283g

휴대 전화 1년 사용 시
11만 2,000g

컴퓨터 1개 생산 시
27만 5,000g

자료: 환경부

"맞아! 탄소 발자국이 적을수록 지구에 더 좋아. 그래서 우리는 최대한 탄소 발자국을……."

"남기지 않아야지!"

구희가 지지의 말을 받으며 웃었어요.

"아까 지지가 열심히 걸었어도 발자국이 남지 않았던 것처럼 말이죠."

초록 쌤은 짧게 덧붙인 뒤, 반딧불이를 지키기 위한 긴급 모임이 있다며 급히 나갔어요. 마무리를 잘 부탁한다는 말도 잊지 않았죠.

"그러면 이번 달에는 기후 변화와 관련된 환경 운동을 해 보면 어떨까?"

구희의 제안에 아이들은 고개를 끄덕이며 동의했어요. 담장 모스 그라피티 활동 이후로 뭐든 다 할 수 있을 것 같았거든요.

"지지야, 너는 어떻게 생각해?"

스마트폰을 보던 지지가 고개를 들며 말했어요.

"어? 미안, 우리가 했던 활동에 자꾸 '좋아요'를 누르고 질문하는 사람들이 많아서."

환이가 한숨을 쉬며 말했어요.

"나를 이어, 지지도 SNS에 중독됐나 보다."

지지가 발끈했어요.

"중독 아니거든! 잠깐이었어, 잠깐!"

그때 경이가 끼어들었어요.

"맞아! 이번에는 탄소 발자국을 줄여 보자. 자동차가 탄소를 많이 내니까, 자동차를 타지 않는 건 어때?"

"그러고 보니 환경을 위해 대중교통을 이용해야 한다는 말을 들은 적 있어."

환이가 말하자 구희가 말을 이었어요.

"그런데 초록 쌤이 전기를 쓰는 것도 탄소 발자국을 늘린다고 하셨어. 특히 에어컨 같은 가전제품을 줄이는 게 중요하대."

환이가 고개를 저으며 대답했어요.

"전기 아끼기 운동, 좋긴 한데 너무 흔하잖아. 안 쓰는 코드 빼기, 에너지 효율 높은 가전제품 사용하기 같은 거."

경이가 웃으며 말했어요.

"원래 기본적인 게 오래 실천할 수 있고 중요한 법이야. 대중교통 이용하기도 흔하지만 꼭 필요한 환경 운동이잖아."

"근데 우리 같은 초등학생은 대부분 걸어서 학교에 다니니까 효과가 별로 없을 것 같아. 게다가 지금은 온라인 수업 중이고."

환이의 말에 지지가 스마트폰에서 눈을 떼지 않고 대답했어요.

"그렇긴 해."

경이가 스마트폰만 보는 지지를 뚫어지게 바라보며 말했어요.

"그럼 그냥 '탄소 발자국을 줄입시다!' 그러고 끝낼 거야?"

환이가 입을 삐죽이며 대꾸했어요.

"마땅한 방법이 없잖아."

그때 구희가 지지를 가리키며 말했어요.

"근데 SNS를 사용할 때도 전기를 쓰는 거 아니야?"

그러자 스마트폰 화면을 보던 지지가 고개를 번쩍 들었어요.

"어? 또 나?"

"그래, SNS 좀 그만 봐."

경이는 그러면서 스마트폰으로 뭔가를 검색하기 시작했어요.

"어? 진짜네! SNS를 할수록 탄소 발자국이 늘어난대."

경이가 뉴스 기사를 보여 주자 지지가 고개를 갸웃했어요. 기사에는 SNS 사용이 늘어나면서 서버를 운영하는 데 많은 전력이 소비된다는 내용이 담겨 있었지요.

"정말? 근데 얼마나 늘어나는지는 안 나와 있잖아."

구희가 손뼉을 치며 말했어요.

"더 많은 자료가 필요해. 도서관에 가 보자."

"갑자기 웬 도서관?"

지지가 눈을 깜빡이며 묻자, 경이가 당연하다는 듯 대답했어요.

"탄소 발자국을 줄이려고! 스마트폰이나 컴퓨터를 사용할 때 전기를 쓰잖아. 전기를 만들 때 탄소 발자국이 생긴다고!"

"그래. 그럼 길 건너 행정복지센터 도서관에 가자."

"좋아!"

지지는 억울한 표정으로 스마트폰을 끄고 가방에 넣었어요.

"근데 나 평소에 SNS 잘 안 해. 오늘만 그런 거였어."

"알았어, 알았어."

아이들이 키득거리며 가방을 챙겨 자리에서 일어났어요.

세계 환경 운동 살펴보기

탄소 중립으로 지구를 지키다

탄소에 세금을

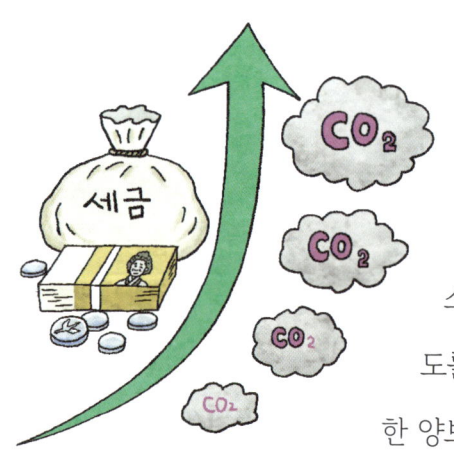

탄소 중립은 전 세계가 함께 이루어야 할 중요한 목표예요. 유엔 기후변화협약에서는 탄소를 줄이기 위해 '탄소세'와 '탄소 배출권' 같은 제도를 만들었어요. 탄소세는 협의한 양보다 많은 탄소를 배출하는 기업에 세금을 부과해 온실가스를 줄이려는 제도예요. 유럽 여러 나라에서 시행 중이지요. 탄소 배출권은 탄소를 배출할 권리를 돈으로 사고파는 제도로, 탄소를 적게 배출하는 나라는 이를 팔아 이득을 얻을 수 있어요. 이처럼 기후 위기를 막으려면 개인과 기업뿐 아니라 정부도 함께 노력해야 해요.

기후 밥상

맛있는 소고기가 지구 온난화에 영향을 준다는 사실, 알고 있나요? 소고기 1킬로그램을 생산할 때 나오는 온실가스는 두부의 약 20배랍니다. 소를 키우려면 넓은 목초지가 필요하기 때문이에요.

'기후 밥상'은 탄소 배출을 줄이는 음식을 선택하는 운동이에요. 가까운 곳에서 생산된 재료나 제철 음식을 고르고, 에너지가 적게 들어간 채소나 생선을 먹는 거예요.

가공식품은 공장에서 많은 에너지를 들여 만들기 때문에, 자연 그대로의 재료로 간단히 요리하는 것이 좋아요. 고기를 완전히 끊기 힘들다면, 일주일에 하루만이라도 고기 섭취를 줄여 보세요.

신재생 에너지

탄소를 줄이려면 화석 연료를 사용하지 않는 것이 중요해요. 화석 연료는 생물이 땅속에 묻힌 채 오랜 시간이 흐르면서 만들어진 석탄이나 석유 같은 연료인데, 이를 태울 때 많은 이산화탄소가 발생해요. 그래서 요즘은 화석 연료를 대신할 신재생 에너지가 주목받고 있어요.

신재생 에너지 종류

　신재생 에너지는 자연의 힘을 이용해 오염이 적고, 원자력보다 안전해요. 태양 에너지, 풍력 에너지, 지열 에너지, 조수 에너지, 파력 에너지, 바이오 에너지 등이 있어요. 태양 에너지는 햇빛을 모아서, 풍력 에너지는 강한 바람으로 전기를 생산해요. 지열 에너지는 땅속 깊은 곳의 열로 만든 에너지지요. 이 밖에도 밀물과 썰물의 차이를 이용한 조수 에너지, 파도의 힘을 쓰는 파력 에너지, 해조류나 곡물을 이용해 만드는 바이오 에너지가 있지요.

　아직은 신재생 에너지 사용 비율이 낮아 화석 연료를 완전히 끊기 어렵지만, 유럽의 몇몇 도시는 이미 화석 연료 없이 생활하고 있어요. 대표적인 곳은 독일 프라이부르크로, 1974년 원자력 발전소 건설에 반대하며 환경 도시로 발전했어요. 이곳 사람들은 태양 에너지를 적극 활용해 집마다 태양광 패널을 설치했고, 솔라 타워에서 공공시설에 필요한 에너지를 얻어요. 또 태양을 따라 움직이는 주택인 헬리오트롭(Heliotrop)부터 순환 수로, 바람 통로, 자전거 도로가 잘 갖춰져 있어 '세계 환경의 수도'로 불리지요.

헬리오트롭

기후 난민 지원

지구가 뜨거워지면 빙하가 녹아 해수면이 높아져요. 그 결과 투발루 같은 섬나라는 점점 가라앉고, 주민들은 살 땅을 잃어 가요. 이렇게 기후 변화로 터전을 잃은 사람들을 '기후 난민'이라고 해요.

터전을 잃고 떠도는 기후 난민

원래 난민은 전쟁이나 차별 때문에 고향을 떠나는 사람들을 뜻했지만, 이제는 기후 변화도 난민을 만들어요.

탄소는 주로 선진국이 많이 배출하지만, 피해는 섬나라 주민들이 감당하고 있어요. 그래서 선진국을 비롯한 여러 나라가 기후 난민을 돕기 위해 나서야 해요.

어스 아워(Earth Hour)

환경 보호를 위해 세계 자연 기금이 시작한 캠페인이에요. 전 세계 사람들이 매년 3월 마지막 주 토요일 저녁 8시 30분부터 1시간 동안 전등과 전기를 끄며 참여하죠. 이 캠페인은 2007년 호주 시드니에서 시작되어 뉴욕 타임 스퀘어, 파리 에펠탑, 베이징 만리장성, 우리나라의 63빌딩과 국회에서도 열려요. 한 시간 동안 전기를 끄는 것만으로도 2012년에는 에너지 약 23억 원어치가 절약되었지요. 지구를 위해 불을 끄는 것, 참여할 만하죠?

디지털을 멈출 수 있을까?

환경 동아리 아이들은 임시 본부를 나와 도서관으로 향했어요. 오후 햇살이 뜨겁게 내리쬐었고 아스팔트는 금방이라도 녹아내릴 것 같았지요.

"아, 더워. 얼음물 가져온 사람 없어? 5월인데, 날씨는 벌써 한여름 같아."

구희가 투덜대자, 경이가 에코 백에서 꽁꽁 언 물병을 꺼내 내밀었어요.

"아, 시원하다! 고마워. 바로 이거지. 근데 아무리 전기를 줄이는 게 좋다지만, 전기 없이 어떻게 살라는 건지 모르겠다."

지지는 너무 더워 대답도 못 하고 고개만 끄덕였지요.

도서관 안은 에어컨이 켜져 한결 시원했어요. 아이들은 들어가자마자 의자에 털썩 앉아 숨을 돌렸어요.

"여기는 천국이다, 천국."

환이가 천장을 보며 말하자, 구희가 핀잔을 줬어요.

"전기를 아껴야 하는데……."

"일단 살고 봐야지."

잠시 후, 지지는 책이 꽂힌 책장으로 움직였어요.

"어떤 책을 봐야 하지?"

모처럼 스마트폰에서 눈을 뗀 지지가 책장을 살피며 말했어요.

"환경류 코너에 있지 않을까?"

아이들은 책 몇 권을 골라 도서관 중앙에 있는 탁자에 앉았어요. 책을 뒤적이던 지지의 표정이 점점 밝아졌지요.

다음 날, 환경 동아리 임시 본부에 모인 아이들은 각자 공책에 정리한 자료를 나눠 보았어요.

"이메일 하나 보내는 데도 탄소 배출량이 4그램이나 된대. 파일을 같이 보내면 50그램까지 올라가고 말이야."

지지가 자료를 보며 말했어요.

"에이, 고작 4그램?"

구희가 손을 내저으며 대꾸했지만, 지지는 고개를 저었어요.

배출 형태	탄소 배출량
이메일 전송	-한 통에 약 4그램 -파일 첨부 시 한 통에 약 50그램
인터넷 검색	한 번에 약 0.2그램
비디오 스트리밍	10분에 약 1그램
전화	1분에 약 3.6그램
데이터 사용	하루 1메가에 약 11그램
노트북 생산	한 대당 약 300킬로그램
스마트폰 생산	한 대당 약 74킬로그램

디지털 활동에 따른 탄소 배출량

"우리한테 매일 들어오는 스팸 메일을 생각해 봐. 전부 합치면 꽤 많을걸?"

"정말 그렇네. 그런데 이게 다 전기를 써서 그런 거야?"

환이가 궁금한 듯 묻자 지지가 답했어요.

"맞아. 스마트폰이나 노트북도 전기가 있어야 작동하잖아. 데이터를 보내고 저장하는 데도 전기가 든대."

"노트북 전원을 꺼도 전기가 계속 드는 거야?"

환이가 다시 물었지만, 아이들은 확실히 알지 못했어요.

"글쎄, 정확한 건 모르겠네……."

그때 초록 쌤이 냉동실에 넣어 두었던 수건을 꺼내 와 아이들 머리에 하나씩 얹어 주었어요.

"앗, 차가워!"

지지가 깜짝 놀라 외쳤지만, 곧 발끝까지 시원해지는 느낌에 고개를 끄덕였어요.

"에어컨 없는 우리 임시 본부에서는 이렇게 더위를 식히면 되겠지요? 물론 냉동실을 써야 하지만요. 참, 질문이 뭐였죠?"

"노트북 전원을 꺼도 전기가 계속 드는지 궁금해요."

환이가 찬 수건을 이마에 얹으며 말했어요.

"우리가 메일을 보내거나 게시물을 올릴 때는 데이터가 서버를 거쳐 데이터 센터에 저장돼요. 데이터 센터는 주로 해외에 있지만, 우리나라도 춘천, 세종, 안산, 시흥에 데이터 센터가 있어요. 이 센터들을 유지하는 데 전기가 엄청나게 많이 필요해요."

"왜요?"

환이가 또 물었어요.

"우리가 검색하거나 메일을 보낼 때 사용하는 인터넷 사이트를 떠올려 보세요. 구글, 마이크로소프트, 네이버가 있죠? 전 세계 사람들이 이곳에 엄청난 데이터를 저장하잖아요. 이런 데이터를 안전하게 보관하려면 큰 공간도 필요하지만, 열을 식히는 장치가 꼭 필요해요."

"열을 식히는 장치요?"

"컴퓨터를 오래 켜 두면 뜨거워지는 것처럼, 데이터 센터의 기기도 계속 작동하면 열이 나요. 그래서 냉각수와 냉방 기기를 24시간

가동해야 하죠. 그런데 이 과정에서 탄소가 배출돼서 지구가 더워지는 거예요."

"그럼 메일을 보내거나 사진을 저장하는 것도 탄소 발자국을 남기는 거네요?"

"맞아요. 예를 들어 우리나라 국민 5,182만 명이 이메일 50통씩을 지우면, 서울에서 제주도까지 비행기로 4번 왕복할 때 나오는 탄소 배출량과 비슷하대요."

"SNS를 할 때도요?"

"그럼요. 사진을 올리고 글을 쓰는 것도 마찬가지예요. 그래서 불필요한 애플리케이션과 메일을 지우는 게 좋아요."

환이는 놀란 표정으로 스마트폰을 꺼냈어요. 지지는 금세 그 이유를 눈치챘지요. 환이가 조용히 SNS 애플리케이션 몇 개를 지우고 있었거든요.

지지가 웃으며 물었어요.

"그럼 이 이야기를 어떻게 사람들에게 알릴까?"

"디지털 디톡스를 홍보하면 어때?"

경이가 말했어요.

"디지털 디톡스가 뭐야?"

"디지털 기기 사용을 잠시 멈추고 중독에서 벗어나는 걸 말해. '디톡스'가 유해 물질을 해독한다는 뜻이거든."

경이의 설명에 구희가 제안했어요.

"그럼 디지털 기기를 사용하지 않는 날을 만들어 보는 건 어때? 시간을 정해서 스마트폰으로 인터넷이나 SNS, 유튜브를 보지 않는 거야."

지지가 고개를 끄덕이며 답했어요.

"좋아! 월요일 저녁 6시부터 12시까지를 '디지털 기기 쉬는 시간'으로 정하자. 지금은 온라인 수업 중이니까 담임 선생님들께 홍보를 부탁하면 되겠다."

환경 동아리 아이들은 '디지털 기기 쉬는 시간' 포스터 문구를 정하고 홍보물을 만들었어요. 다 만들고 나서는, 각 반 담임 선생님들에게 포스터를 보냈지요.

다음 화상 수업 시간에 지지는 선생님들 뒤에 붙어 있는 포스터를 보고 뿌듯했어요. 반 친구들 역시 포스터 내용을 궁금해했답니다.

다음 주 월요일, 지지도 '디지털 기기 쉬는 시간'에 참여했어요. 가족들과 둘러앉아 이야기를 나누고 책을 읽으며 오랜만에 디지털 기기 없이 여유로운 시간을 보냈지요. 지지는 일주일에 한 번쯤 이런 시간을 보내는 것도 꽤 괜찮다고 생각했어요.

일상 속 환경 운동

기후 위기를 막는 작은 실천!

디지털 디톡스를 실천해요

디지털 기기 없이 하루 보내기

하루만이라도 스마트폰과 컴퓨터 등 디지털 기기를 사용하지 않는 날을 정해 보세요. 스마트폰 대신 책을 읽거나 궁금한 것은 도서관에서 찾아보는 거예요. 전기 사용이 줄어 탄소 배출량도 낮아진답니다.

불필요한 데이터 정리하기

스마트폰이나 컴퓨터에 쌓인 읽은 메일, 필요 없는 사진, 오래된 파일을 삭제해 보세요. 저장 공간이 확보되고 기기도 더 빨라져요.

환경을 생각하며 소비해요

온라인 쇼핑 대신 직접 장보기

식재료를 온라인에서 구매하는 대신 시장이나 마트에서 필요한 양만큼 직접 골라 보세요. 불필요한 포장재를 줄이고 식재료를 낭비하지 않게 되어 환경을 보호할 수 있어요.

고기 대신 대체 식품 선택하기

일주일에 하루 정도 '고기 먹지 않는 날'을 만들어 보세요. 콩이나 두부 같은 대체 식품은 건강에도 좋고, 탄소 발자국을 줄이는 데 도움이 돼요.

에너지 절약 습관 들이기

불필요한 전기 사용 줄이기

전자제품은 전원을 꺼도 전력이 소모돼요. 이를 막으려면 전원 스위치가 있는 멀티탭을 사용하거나, 쓰지 않는 플러그는 뽑아 두는 게 좋아요.

적정 온도 유지하기

여름엔 에어컨을 너무 세게 틀지 말고, 겨울엔 난방 온도를 조금 낮춰 보세요. 작은 실천이지만 에너지 절약에 효과적이에요.

생태계 변화

- 환경 동아리의 지속 가능한 임무
- 꿀벌에서 사과까지
- 우리 동네 생태 지도 그리기
- 환경 동아리 임시 본부, 안녕!

환경 동아리의 지속 가능한 임무

"얘들아, 교장 선생님이 중대 발표를 하신대!"

환이가 임시 본부 문을 박차고 들어오며 다급히 외쳤어요. 모두 의아해하는데, 초록 쌤이 지구초 온라인 방송에 접속했어요. 화면에 교장 선생님이 나타났어요.

"지구초등학교 어린이 여러분, 오늘 기쁜 소식 세 가지를 알려 드리겠어요."

지지는 교장 선생님이 곰팡이가 없어졌다는 소식을 전하기 바라며 두 손을 모았어요.

"첫 번째 기쁜 소식, 드디어 우리 학교에서 곰팡이가 모두 사라졌습니다!"

 교장 선생님의 힘찬 목소리에 지지는 동아리 친구들과 환호성을 질렀어요. 초록 쌤도 환하게 웃으며 손뼉을 쳤지요.

 "곰팡이의 정체도 밝혀졌어요. 우리 학교에 퍼진 곰팡이는 '말랑꼬리알록달록푸르르죽죽 곰팡이'라는군요. 원래 적도 근처의 습한 열대 우림에서만 나타나던 곰팡이인데, 기후 변화로 이곳까지 온 거랍니다. 우리나라 같은 온대 지역에서는 자라지 않는 곰팡이라 정체를 밝히는 데 시간이 걸렸어요."

 경이와 구희가 동시에 외쳤어요.

 "기후 변화가 맞았어! 우리 예측이 정확했다고!"

 환호성 사이로 교장 선생님의 발표가 이어졌어요.

"두 번째 기쁜 소식, 2주 뒤 월요일부터 등교를 시작합니다! 여러분을 맞이할 준비를 마치고 기다릴게요."

지지와 경이는 기쁜 마음에 손을 맞잡고 폴짝폴짝 뛰었어요. 지겨운 온라인 수업이 끝난다는 소식이 너무 반가웠지요.

"세 번째 기쁜 소식, 이런 날 그냥 수업만 할 수 없겠죠? 환경의 소중함을 깨달은 기념으로 지역 주민들과 함께하는 환경 축제를 열겠습니다."

"우리 축제잖아?"

구희가 놀란 목소리로 말했어요. 아이들은 까르르 웃으며 기뻐했어요.

몇 가지 안내를 끝으로 지구초 온라인 방송은 마무리되었지만, 지지는 여전히 심장이 두근거렸어요. 곰팡이가 사라진 것도 좋았지만, 환경 동아리의 예측이 맞아떨어졌다는 사실에 더없이 뿌듯했지요.

임시 본부는 평소와 같았지만, 모두 벌써 축제라도 열린 것처럼 들떠 있었어요. 초록 쌤은 그런 아이들을 흐뭇하게 바라보며 말했어요.

"축하해요, 여러분! 몇 달 동안 치열하게 노력한 보람이 있네요. 곰팡이 원인을 정확히 예측했으니까요. 축하 파티는 축제에서 열기로 하고, 오늘은 환경 이야기를 마저 하는 게 좋겠죠?"

모두들 아쉽지만 고개를 끄덕였어요. 하지만 환경 이야기는 언제나 재미있으니, 금세 집중했지요.

"지난 시간에 기후 변화에 대해 이야기했죠? 이번에는 기후 변화가 생태계에 미치는 영향을 알아보도록 해요."

초록 쌤은 화면에 신문 기사를 띄웠어요. 사진 속 양봉업자는 텅 빈 벌집을 들고 있었어요.

환이가 가장 먼저 말했어요.

"어? 꿀벌이 하나도 없네. 꿀벌이 없으면 꽃가루는 누가 날라 주지?"

"꽃가루를 옮기지 못하면 꽃이 안 필 텐데."

"열매도 맺지 못할 거야."

경이와 지지가 서로의 생각을 이어 갔어요.

"그래서 오늘 아침에 엄마가 사과가 비싸서 못 샀다고 하셨나 봐요!"

환이의 말에 구희도 맞장구쳤어요.

"저도 뉴스에서 봤어요. 사과꽃이 피지 않아서 사과 농사를 망쳤다고 했어요."

지지가 상황을 정리하며 말했어요.

"아! 꿀벌이 없어서 꽃가루를 옮기

지 못하니까 사과꽃이 안 피고, 결국 사과가 열리지 않아서 가격이 올랐군요!"

초록 쌤이 흐뭇하게 웃으며 아이들을 칭찬했어요.

"맞아요. 꿀벌이 줄었기 때문에 환이가 오늘 아침에 사과를 못 먹고 온 거예요. 그럼 오늘은 꿀벌 이야기로 시작해 볼까요?"

환경 문제 찾아보기

꿀벌이 사라진다면?

해마다 꿀벌이 점점 줄어들고 있어요. 미국에서는 2023년에만 꿀벌 무리가 약 48퍼센트나 사라졌고, 우리나라도 같은 해 경기도에서만 꿀벌 약 18억 마리가 사라졌어요.

꿀벌이 줄어드는 주요 원인은 농약, 기생충, 그리고 지구 온난화예요. 농약은 해충뿐만 아니라 꿀벌에게도 치명적이에요. 1970년대

꿀벌 폐사 현황

미국에서는 농약과 살충제를 과도하게 사용해 새소리가 들리지 않는 '침묵의 봄'이 찾아왔어요. 곤충이 농약에 죽고, 곤충을 먹던 새까지 목숨을 잃었어요. 꿀벌도 마찬가지로 농약에 중독되어 죽어 갔죠.

지구 온난화도 문제예요. 영국의 한 대학에서 실시한 연구에 따르면 기온이 1도 오를 때마다 야생벌이 약 6.5일 정도 일찍 활동한다고 해요. 또 다른 연구에서는 기온이 오를수록 꿀벌이 더 많은 에너지를 써서 수명이 짧아진다는 것을 밝혔지요. 날씨가 빨리 따뜻해져서 꿀벌이 일찍 활동을 시작했지만, 꽃이 피지 않은 시기라 먹이를 찾지 못하고 죽는 거예요.

꿀벌이 줄어들면 농사도 어려워요. 꽃가루를 옮기지 못해 과일과 곡물 생산이 줄어들기 때문이에요. 과학자들은 꿀벌이 멸종하면 식량 부족 문제가 생길 수 있다고 경고해요.

꿀벌에서 사과까지

"선생님, 꿀벌이 없어져서 사과가 사라지면 어떻게 해요?"

"사과를 못 먹는 거지, 뭐."

경이의 질문에 환이가 장난스럽게 대답하자, 경이는 눈을 흘겼어요. 지지는 두 사람이 티격태격하기 전에 끼어들었지요.

"선생님, 자세히 알려 주세요."

초록 쌤이 웃으며 답했어요.

"꿀벌이 없어지면 많은 식물이 영향을 받아요. 사과나무도 그중 하나지요. 사과나무를 가까이에서 본 적 있나요?"

"네, 할아버지 댁에 많아요!"

구희는 할아버지가 과수원을 해서 방학 때마다 사과나무를 돌

봤어요.

"사과나무와 주변 환경을 묘사해 줄래요?"

갑작스런 질문에 잠시 고민하던 구희가 침착하게 대답했어요.

"사과나무는 키가 크고 가지가 많아요. 밑동은 굵고 표면이 거칠어요. 봄에는 흰색이나 분홍색 꽃이 피고, 꽃이 지면 사과가 열려요. 가을에는 빨갛게 익지요."

구희의 이야기에 지지는 새콤달콤 맛있는 사과를 떠올리며 침을 꼴깍 삼켰어요.

"그렇다면 사과나무 주변은 어땠나요? 나무 하나만 덩그러니 있지는 않을 테니까요."

초록 쌤이 묻자, 구희가 기억을 떠올리며 말했어요.

"사과나무는 흙에 심겨 있고, 주변에 다른 사과나무도 많아요. 파란 하늘이 있고, 햇빛이 비치면 초록색 잎이 반짝거려요. 비가 오면 빗방울이 나뭇잎을 타고 흘러내리고요."

"그리고요?"

"흙에서 구린 냄새가 날 때도 있어요. 할아버지가 퇴비를 직접 만들어 쓰시거든요."

지지는 환이가 코를 막는 모습을 보고 웃음을 참았어요. 구희의 설명이 생생해서 정말 퇴비 냄새가 나는 것 같았거든요.

"비가 오면 지렁이들이 흙 위로 올라와요. 할머니는 지렁이가 흙을 비옥하게 한다며 '이쁜 지렁이'라고 부르세요."

"으으, 지렁이가 이쁘다고?"

벌레를 싫어하는 경이가 얼굴을 찡그렸지만, 구희는 아랑곳하지 않고 말을 이었어요.

"지렁이 옆에는 지네도 있어요. 다리가 많아서 좀 징그럽긴 해요. 통통한 애벌레도 봤는데 이름은 잘 몰라요. 흙에서 나무 밑동을 타고 올라가다 보면, 거칠거칠한 나무 표면으로 개미들이 줄지어 가는 걸 자주 볼 수 있어요. 할아버지는 근처에 개미집이 있을 거라고 하셨어요. 봄에는 나비와 꿀벌이 사과꽃 주위를 날아다니고, 해 질 무렵에는 나방이 나무에 앉아 쉬어요. 여름이면 매미가 나뭇가지에 앉아 시끄럽게 울고요. 또 까치랑 직박구리도 자주 찾아와요. 언젠가 참새가 나뭇가지에 둥지를 짓기도 했는데, 높은 곳이라 안을 들여다보지는 못했어요. 대신 어미 참새가 지렁이를 물고 올라가는 걸 종종 보았어요."

구희의 이야기가 끝날 기미가 없자 경이는 어깨를 잔뜩 움츠리며 몸서리쳤어요. 그 모습이 웃겨서 지지는 결국 소리 내어 웃다가 구희를 보고 미안하다는 눈짓을 했어요.

"아! 그리고 우리 할아버지네 고양이 삼색이도요! 삼색이는 낮잠을 자다가도 하루에 한 번씩 나와 사과나무가 잘 있는지 확인하고 들어가요."

"구희가 정말 많은 곤충과 새를 봤네요. 아, 고양이도요."

초록 쌤이 놀란 듯 말하자, 구희는 또 이야기를 덧붙였어요.

"맞아요. 또 있어요! 여름철에는 나무 밑동에 초록색 이끼가 자라요. 가끔 작은 버섯도 보이는데, 할아버지가 아무 버섯이나 먹으면 안 된다고 못 따게 하셨어요. 달팽이도 본 적 있어요. 집 안으로 데려가려다 말았는데……."

"좋아요. 자세히 말해 줘서 고마워요."

초록 쌤이 구희의 머리를 쓰다듬으며 이야기를 이어 갔어요.

"어때요, 사과나무가 혼자 존재하던가요?"

아이들이 한목소리로 대답했어요.

"아니요!"

"맞아요. 사과나무는 혼자 살아가지 않아요. 사과나무 주변에 곤충과 새, 고양이도 있고, 흙과 물, 공기, 햇빛도 있지요. 이렇게 사과나무와 함께하는 생물과 환경을 '생태계'라고 해요."

초록 쌤은 화이트보드에 '생태계'라고 쓰고 동그라미를 여러 개 그렸어요.

"생태계에 있는 모든 생물은 서로 영향을 주고받아요. 생각해 보세요. 꿀벌이 사라지면 꽃가루를 받을 꽃이 없어지고, 꽃이 피지 않는다면 사과가 열리지 않겠죠. 그러면 우리는 사과를 먹지 못할 거예요. 하지만 우리만 못 먹는 걸까요?"

"아니요."

아이들의 대답에 초록 쌤이 말했어요.

"사과즙을 먹는 개미도 굶고, 개미를 잡아먹는 사마귀와, 사마귀를 잡아먹는 참새도 굶게 돼요. 더구나 사과나무마저 사라진다면 흙 속 미생물도 살기 어려워지고, 흙도 황폐해질 거예요."

경이가 심각한 표정으로 말했어요.

"저는 우리만 사과를 못 먹는 줄 알았어요."

"우리뿐이 아니에요. 생태계는 모든 생물과 환경이 긴밀하게 연결되어 있어요. 그래서 생태계를 이루는 모든 생물이 건강해야 우리 모두가 건강하게 살아갈 수 있는 거예요."

초록 쌤의 설명에 아이들이 고개를 끄덕였어요.

"이런 생태계를 위협하는 것이 바로 환경 문제예요. 예를 들어, 지구 온난화로 날씨가 따뜻해지면 꿀벌이 원래 꽃이 피는 시기보다 일찍 활동해요. 그런데 그때는 꽃이 아직 피지 않아서 꿀벌이 먹이를 찾지 못하고 굶게 돼요. 꿀벌이 없으면 꽃도 열매를 맺을 수 없고요."

초록 쌤이 생태계 이야기를 이어 갔어요.

"코로나19 같은 질병도 환경 문제와 관련이 있어요. 환경 오염과 기후 변화로 동물들이 살 곳을 잃고 인간이 사는 곳까지 오면서 질병을 옮기게 되었죠. 많은 생물이 멸종하는 이유도 갑작스러운 환경 변화 때문이에요."

경이가 걱정스러운 표정으로 한숨을 내쉬었어요.

"우리를 괴롭혔던 코로나19도 환경 문제와 관련 있다니……."

"코로나19를 계기로 사람들은 환경 문제가 얼마나 중요한지 깨달았어요."

초록 쌤의 말에 지지가 불만 가득한 얼굴로 말했어요.

"그런데도 여전히 쓰레기를 버리고, 환경을 오염시키는 사람들이 있잖아요."

초록 쌤이 고개를 끄덕이며 덧붙였어요.

"맞아요. 사람들이 버린 쓰레기가 물을 오염시키면 물고기가 살 수 없고, 물고기를 잡아먹는 새들도 영향을 받아요. 또, 사람

환경 오염 먹이 사슬

들이 물고기를 너무 많이 잡으면 그 생물이 멸종될 수도 있어요. 그렇게 되면 주변 생태계도 영향을 받지요."

"멸종이요? 공룡처럼요?"

지지가 과학관에서 보았던 공룡 영상을 떠올리며 말했어요.

"네. 지금까지 멸종된 생물도 있고, 멸종 위기에 처한 동물도 많아요. 하나의 종이 사라지면 그 주변 생태계에 큰 영향을 줘요. 그래서 생태계의 다양성이 중요해요. 다양한 생물이 함께 어울려 살아야 생태계가 건강하게 오래 지속돼요."

지지는 수첩에 '오래 지속된다'라고 적었어요. 그 말이 왠지 중요하게 느껴졌어요. 동물들이 멸종되지 않고 오래 살아가길 바랐지요.

"그러니까 여러분의 역할이 정말 중요해요."

초록 쌤은 화사한 미소를 지으며 말했어요. 아이들은 초록 쌤의 말에 다 함께 손뼉을 치며 환호했어요.

"그동안 정말 고생 많았어요. 오늘은 임시 본부에서의 마지막 활동으로, 우리 주변 생태계를 직접 확인해보는 게 어떨까요?"

아이들은 한목소리로 대답했어요.

"네!"

지지가 의견을 냈어요.

"우리 학교 주변의 다양한 생태계를 지구촌 환경 축제에 전시하면 좋을 것 같아요."

"좋은 생각이에요!"

초록 쌤을 비롯해 모두가 고개를 끄덕였어요.

초록 쌤은 생태계 관찰 방법을 간단히 설명한 뒤, 고라니를 구하러 가야 한다며 급히 자리를 떠났어요. 지지와 친구들은 남아서 다음 계획을 논의하기 시작했지요.

"자, 그러면 어떻게 생물을 조사할까? 쓰레기나 식물을 조사했던 방식으로 하면 될까?"

환이가 묻자 지지가 고개를 끄덕이며 대답했어요.

"그래, 지난번에는 식물만 조사했으니까 이번에는 그 안에 얼마나 다양한 생물이 있는지 살펴보자."

지난번에 그렸던 쓰레기 지도를 떠올린 경이가 말했어요.

"근데 범위가 너무 넓지 않을까? 조금 좁혀 보자. 각 구역에서 생물이 가장 많을 것 같은 곳을 골라 1미터로 한정하면 어때?"

"좋은 생각이야. 그리고 그 안의 환경도 함께 조사하자."

"응. 개미, 지렁이, 흙까지 모두 포함하는 거야."

아이들은 수요일에 다시 만나기로 약속하며 환경 동아리 임시 본부를 나왔어요. 지지는 건물을 잠시 돌아보았어요. 이곳에서의 활동이 얼마 남지 않았다는 생각에 아쉬움이 밀려왔지요.

환경 문제 깊이 알기

멸종 위기! 생태계의 경고

생태계

생태계는 생물과 환경이 서로 영향을 주고받으며 살아가는 세계예요. 공원에 있는 작은 연못을 떠올려 보세요. 연못 안에는 송사리 같은 물고기, 물자라와 장구애비 같은 곤충, 마름과 수련 같은 식물이 살고 있어요. 눈에 잘 보이지 않는 곰팡이와 세균도 함께 있지요.

생물들은 흙, 물, 공기 같은 환경 속에서 살아가요. 연못을 비추는 햇빛 또한 환경이지요. 이렇게 생산자(식물), 소비자(동물), 분해자(곰팡이와 세균)인 생물과 그들을 둘러싼 환경을 합쳐 생태계라고 해요.

지구에는 다양한 생태계가 있어요. 숲에는 숲 생태계, 강에는 강 생태계, 바다에는 바다 생태계가 있지요.

환경 오염과 생태계

생태계는 생물과 환경이 서로 영향을 주고받으며 균형을 이루어요. 생산자인 식물은 햇빛과 공기로 양분을 만들고, 소비자인 동물은 그 식물을 먹고 살아요. 분해자인 세균과 곰팡이는 죽은 생물을 분해해 자연으로 돌려보내죠. 이런 역할이 모두 건강한 생태계를 유지하는 데 꼭 필요해요.

연못에 수련이나 마름 같은 식물이 없으면 곤충과 송사리가 살 수 없어요. 곰팡이와 세균이 없다면 생물의 사체가 쌓여 물이 오염될 거예요. 또 우리가 버리는 생활 하수가 연못으로 흘러들어 가면, 생태계는 금세 무너지고 말아요. 생태계의 균형이 깨지면 그 피해는 결국 인간에게 돌아와요. 그래서 환경을 보호하는 일은 우리 모두의 책임이에요.

연못 안의 생태계

멸종 위기 동식물

북극곰, 담비, 고라니를 비롯한 동식물 수백 종이 멸종 위기에 처했어요. 사람들이 지나치게 많이 잡거나 서식지를 파괴했거든요.

물고기를 잡을 때 촘촘한 그물로 어린 물고기까지 잡다 보니 귀신고래와 같은 해양 생물이 멸종 위기에 놓였어요. 활발한 국제 교류로 우리나라에 들어온 외래종 불개미가 토착 개미를 몰아내는 일도 생겼지요.

이 밖에도 무분별한 개발과 오염, 기후 변화로 산호, 제왕나비, 벵골호랑이 같은 다양한 생물이 서식지를 잃고 사라질 위기에 처했어요.

동식물이 멸종된다는 건 생태계의 균형이 깨졌다는 신호예요. 생태계 구성원인 우리 인간도 이 문제에서 결코 안전하지 않아요.

대멸종

한 종의 생물이 점점 줄어들다가 완전히 사라지는 것을 '멸종'이라고 해요. 오래전 지구에 살았던 공룡이나 매머드를 지금은 볼 수 없는 것도 멸종 때문이지요.

지금까지 지구에서는 짧은 시간에 수많은 생물이 사라지는 '대멸종'이 다섯 번 있었어요. 주로 급격한 환경 변화가 원인이었어요. 커다란 운석이 떨어지거나, 기후가 갑자기 변하거나, 해수면 높이가 달라질 때처럼요.

최근 지구 온난화로 기후 변화가 일어나고 해수면이 높아지면서, 사람들은 여섯 번째 대멸종이 오지 않을까 걱정하고 있어요.

시대	기	
고생대	캄브리아기	
	오르도비스기	첫 번째 대멸종 (약 4억 4,500만 년 전) - 86% 멸종 - 빙하기, 화산 폭발 발생
	실루리아기	
	데본기	두 번째 대멸종 (약 3억 7,000만 년 전) - 75% 멸종 - 빙하기, 운석 충돌 발생
	석탄기	
	페름기	세 번째 대멸종 (약 2억 5,200만 년 전) - 96% 멸종 - 지구 온난화, 운석 충돌, 화산 폭발 발생
중생대	트라이아스기	
	쥐라기	
	백악기	네 번째 대멸종 (약 2억 100만 년 전) - 80% 멸종 - 화산 폭발, 사막화 발생
신생대 제3기	팔레오세	
	에오세	
	올리고세	
	마이오세	다섯 번째 대멸종 (약 6,600만 년 전) - 76% 멸종 - 운석 충돌, 화산 폭발 발생
	플라이오세	
신생대 제4기	플라이스토세	
	홀로세	여섯 번째 대멸종(?) (약 100년 전~현재 진행 중) - 70% 멸종 - 환경 파괴, 하루 10여 종씩 멸종 중
	인류세	

대멸종 연대기

생물 다양성

생물 다양성은 지구의 모든 생명과 생태계의 다양성을 뜻해요. 다양한 종이 함께 살아야 병충해에 강해지고 생태계 균형이 쉽게 무너지지 않아요.

15세기, 콜럼버스가 유럽에 들여온 감자가 유럽의 주식이 된 적이 있어요. 유럽 사람들은 감자 수확량을 늘리려고 한 가지 품종만 재배했어요. 그런데 19세기 중반, 감자 잎마름병이 돌면서 그 품종의 감자가 모두 전멸해 심각한 기근이 일어났어요.

1980년대에는 코스타리카와 파나마에서 항아리곰팡이병이 퍼져 개구리와 도롱뇽 같은 양서류가 멸종했어요. 올챙이와 도롱뇽 유생은 모기 유충을 먹고 자라요. 그런데 양서류가 줄어들자 말라리아 모기가 늘면서 전염병이 퍼졌어요.

이처럼 생물 다양성이 무너지면 남은 종이 질병에 취약해지고, 생태계 균형이 깨져 환경과 다른 생물에게 큰 피해를 준답니다.

우리 동네 생태 지도 그리기

지지의 담당 구역은 학교 앞 공원이었어요. 환이는 편의점 옆 전봇대 주변, 경이는 아파트 화단, 구희는 학교 정문 앞을 맡았어요.

공원에 들어선 지지는 가장 구석으로 달려갔어요. 그곳에는 구청에서 운영하는 작은 텃밭이 있었지요.

"저기다! 텃밭 생태계!"

그 텃밭은 주민들이 밭을 일굴 수 있도록 구청에서 마련한 곳이었어요. 지지는 텃밭을 가꾸는 이웃집 아주머니에게 미리 허락을 받아 조사를 할 수 있었죠.

지지는 텃밭 한쪽에 줄자와 분필로 지름 1미터의 원을 그린 뒤,

원 안의 생물들을 관찰했어요. 가장 먼저 초록빛 상추와 빨갛게 익어 가는 토마토가 눈에 띄었어요. 토마토 줄기를 따라 개미들이 줄지어 다니고, 잎에는 무당벌레가 앉아 있었지요. 지지는 이 모습을 공책에 그리며 꼼꼼히 기록했어요. 그 후 일주일 동안 매일 텃밭을 관찰하며 사진을 찍고, 모르는 생물은 백과사전이나 인터넷을 찾아보았지요.

다음 동아리 활동 시간, 아이들은 환경 동아리 임시 본부에 모여 각자 그린 생태 지도를 벽에 걸었어요. 지지가 처음으로 발표에 나섰어요.

"나는 공원 안 텃밭 생태계를 관찰했어. 도시에서는 논이나 밭 생태계를 보기 힘들잖아."

지지의 생태 지도에는 상추와 토마토, 가지, 치커리, 배추를 심은 밭이 있었어요. 그 사이로 줄지어 가는 개미, 꿈틀대는 지렁이, 무당벌레, 거미, 곰팡이가 보였지요.

"아마 여기에 우리 동네에서 가장 다양한 식물이 있을걸? 식물이 여섯 종류나 되고, 내가 본 곤충만 해도 일곱 종류야. 눈에 보이지 않는 미생물도 엄청 많을 거야. 물론 생태계를 이루는 흙, 공기, 햇빛 같은 환경도 빼놓을 수 없지."

다음은 환이 차례였어요.

"나는 편의점 옆 전봇대를 관찰했어. 거긴 아스팔트 길이라 생물이 거의 없었어."

환이의 생태 지도는 정말 단순했어요. 아스팔트 위 전봇대와 약간의 흙, 그리고 전봇대 틈에 난 작은 민들레가 전부였지요. 하지만 아이들은 의외로 환이의 생태 지도를 좋아했어요. 노란 고양이가 그려져 있었거든요.

"나 저 고양이 알아! 편의점에 갈 때마다 나를 쳐다보는 노란색 치즈 고양이!"

구희가 소리치자, 경이가 핀잔을 주었어요.

"우리 동네에서 저 고양이를 모르면 간첩이지."

환이가 살짝 한숨을 쉬며 말했어요.

"애들아, 나도 발표 좀 하자! 아무튼 이곳 전봇대 생태계에는 식물이 거의 없어. 고양이 한 마리와 민들레 두 포기, 흙과 공기, 햇빛, 그리고 아스팔트뿐이었어. 비가 오면 땅이 젖긴 하지만, 금세 말라 버려. 흙이 아니라 아스팔트라서 물이 스며들지 않거든. 민들레도 아스팔트 틈 사이에 겨우 뿌리를 내린 것 같아. 도시라 어쩔 수 없나 봐."

기운 없어 보이는 환이를 지지가 위로했어요.

"그래도 귀여운 고양이가 있잖아."

환이가 고개를 끄덕였어요.

"맞아. 고양이 덕분에 골목이 활기를 띠는 것 같아."

이어서 경이가 얼굴을 벅벅 긁으며 앞으로 나왔어요.

"나는 아파트 화단 생태계를 관찰했어. 화단에는 흙도 있고 햇살도 잘 들어와. 팬지, 튤립, 철쭉, 명아주, 별꽃, 민들레, 토끼풀이 있었어. 개미, 나비, 모기, 거미, 지렁이, 노랭이, 응애 그리고 이름 모를 벌레 두 종류도 찾았어. 식물은 일곱 종, 곤충은 아홉 종이나 있었어. 여기에 눈에 보이지 않는 미생물까지 합치면 훨씬 많을 거야."

"그런데 왜 그렇게 얼굴을 긁어?"

"모기에 물렸거든. 가려워 죽겠어."

경이의 표정은 구겨졌지만, 생태 지도에는 알록달록한 꽃이 환하게 피어 있었어요.

아이들의 박수 소리를 들으며 경이가 자리로 돌아가고, 구희가 나왔어요.

구희의 생태 지도는 학교 정문 앞이었어요. 인도 바깥쪽에 있는 가로수가 눈에 띄었어요.

"나도 좀 심심했어. 우리 학교 정문 앞에는 개미 한 마리도 안 지나가더라. 대신 파리와 모기는 많았어. 커다란 은행나무 밑에는 이름 모를 작은 버섯과 민들레가 있고, 은행나무 위로는 햇빛이 비치고, 높은 가지에는 까치둥지가 있었어. 학교 주변은 대부분 시멘트나 보도블록이 깔려 있는데, 나무 주변만 흙이더라고. 그런데 너희들, 학교 정문 시멘트 틈 사이에 별꽃이 있는 거 알아? 나중에 학교에 가면 꼭 봐 봐. 얼마나 귀여운지 몰라!"

"학교 앞 은행나무에 까치둥지가 있다고? 꼭 봐야겠다!"

지지는 당장이라도 학교에 달려갈 듯 신나했어요. 그 모습을 바라보며 초록 쌤도 흐뭇하게 웃었어요.

세계 환경 운동 살펴보기
생태계를 살리는 특별한 약속

개구리 사다리와 생태 통로

'농수로에 갇힌 개구리를 구하자!' 인천 백령도에서 시작된 환경 운동이에요. 논밭에 물을 대려고 시멘트 농수로를 사용하는데, 봄이 되면 겨울잠에서 깨어난 개구리가 그 안에 갇히곤 했어요. 깊은 농수로에는 개구리가 잡고 올라갈 풀이나 돌이 없어 빠져 죽을 위험이 컸어요. 이를 해결하려고 사람들은 농수로에 나일론 매트를 깔거나 콘크리트 벽면

대전 침산동에 설치된 '개구리 사다리'

에 돌기를 만들어 개구리가 쉽게 올라올 수 있도록 도왔지요.

한편, 숲 사이에 도로나 댐이 생기면 동물들이 도로를 건너야 해서 위험해요. 그래서 동물들이 안전하게 지나갈 수 있도록 '생태 통로'를 만들었어요. 생태 통로는 1960년대 프랑스에서 시작돼 1994년 우리나라에도 처음 설치됐지요. 지금은 400개가 넘는 생태 통로가 있어요. 반달가슴곰과 삵 같은 멸종 위기 동물이 국립 공원 생태 통로를 이용하는 모습이 시시 티브이에 찍히기도 했어요.

소백산 생태 통로를 이용하는 삵

생태 마을

세계 곳곳에는 자연을 해치지 않고 살아가려는 사람들이 모여 사는 '생태 마을'이 있어요. 처음 시작된 곳은 1930년 아이슬란드예요. 대표적인 생태 마을로는 독일 지벤린덴이 있는데, 이곳 사람들

독일 생태 마을, 지벤린덴

은 숲의 진흙과 나무로 집을 짓고 지하수를 사용해요. 마을에서는 자동차로 이동하는 대신 걸어 다니고, 먼 곳에 갈 때만 함께 차를 타요. 직접 기른 농작물로 음식을 만들고, 새 물건은 최대한 사지 않아요.

우리나라에도 충청남도에 생태 마을이 있어요. 이곳에서는 친환경 농법으로 탄소 중립을 실천하며 자연과 함께 살아가고 있어요.

습지 보호

경상남도 창녕군에는 우리나라에서 가장 큰 늪인 '우포늪'이 있어요. 장마철마다 낙동강 물이 흘러들어 다양한 생물이 살지요. 하지만 농사를 위해 늪을 없애려는 시도가 늘어나면서 크고 작은 늪들이 많이 사라졌어요. 늪은 생물들의 소중한 집이에요. 그 가치는 농

우포늪

지와 비교할 수 없어요.

　1997년, 우리나라는 늪을 보호하기 위해 람사르 협약*에 가입했어요. 창녕 우포늪, 무안 갯벌, 순천만 등이 람사르 습지로 지정되어 보호받고 있어요.

생물 다양성 보호

　세계 여러 나라가 생물 다양성을 지키기 위해 협약을 맺어요. 이 협약에 따라 각 나라는 생물 다양성을 보호하고, 그로 얻는 이익을 함께 나누지요. 우리나라도 생물 다양성을 위해 여러 정책을 시행하고 있어요.

람사르 협약 1971년 습지를 보전하기 위해 세계 여러 나라가 맺은 국제 협약이에요.

국립백두대간수목원에 있는 시드볼트

우리나라에는 지리산 국립 공원을 포함해 스물세 곳의 국립 공원이 있어요. 이곳은 다양한 동식물의 집이랍니다. 또 경상북도 봉화군에 있는 국립백두대간수목원에는 '백두대간 글로벌 시드볼트'라는 씨앗 금고가 있어요. 기후 변화나 재난에 대비해 식물 씨앗을 보관하는 시설이지요. 전 세계에서 노르웨이와 우리나라, 단 두 곳에만 있답니다.

세계 곳곳에서는 멸종 위기 동물을 구하기 위한 노력도 이어지고 있어요. 미국 로스앤젤레스 동물원은 복원 프로그램으로 캘리포니아 콘도르의 개체 수를 늘리고 있어요. 우리나라 국립 생태원에서도 무산쇠족제비와 산양 같은 멸종 위기 동물을 연구하며 자연으로 되돌리기 위해 힘쓰고 있어요.

가로수 조사

뉴욕에서는 1995년부터 10년마다 시민들이 자원봉사로 '트리 카운트(Tree Count)'라는 가로수 인구 조사를 해요. 가로수의 수, 종류, 크기 등의 정보를 모아 관리하지요.

우리나라에서도 2021년에 서울 마포구와 환경 시민 단체가 함께 '가로수 지도 만들기' 캠페인을 했어요. 마을 가로수를 보호하기 위해 '마포구 가로수학교 모니터링단' 프로그램을 운영하여, 시민들과 함께 가로수의 종류, 위치, 높이, 건강 상태 등을 점검했어요. 또 '매플러케이(MapplerK)3' 애플리케이션을 활용해 가로수 지도를 제작했지요.

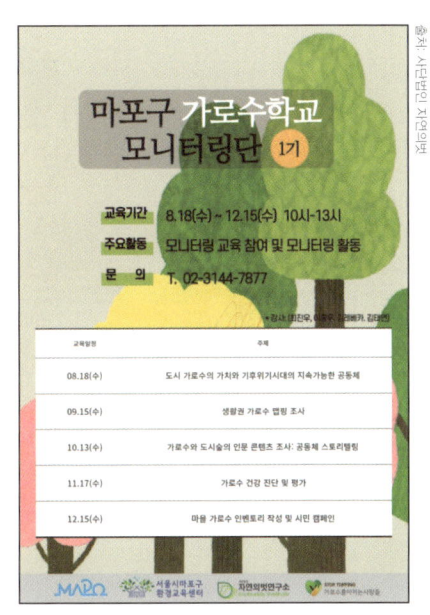

2021년 가로수학교 모니터링단 포스터

뉴욕시는 가로수가 탄소를 흡수하고 대기 오염을 줄이는 등의 효과를 내며, 연간 약 1억 달러(한화 약 1,350억 원)의 경제적 가치를 지닌다고 했어요.

환경 동아리 임시 본부, 안녕!

초록 쌤은 생태계를 열심히 조사해 온 아이들을 흐뭇한 표정으로 바라보았어요.

"모두 정말 잘했어요. 이렇게 우리 주변에는 다양한 생물이 살고 있어요."

"선생님, 그런데 생물이 다양하면 왜 좋은 거예요?"

"생물종이 다양할수록 생태계가 안정적으로 유지돼요. 어느 한 생물이 줄어도 다른 생물이 그 역할을 대신해서 생태계가 무너지지 않거든요. 그래서 생물 다양성을 유지하는 것은 아주 중요하답니다. 생태계가 균형 잡히면 자연재해가 일어나도 살아남기 쉽고, 다시 복원되거나 새롭게 진화할 힘이 있어요."

초록 쌤은 아이들을 한 번씩 둘러보며 말을 이었어요.

"자연의 입장에서도 생태계가 중요하지만, 인간의 생존과도 관련이 깊어요. 생태계가 건강해야 우리가 식량을 얻고, 의약품이나 여러 산업 자원도 얻을 수 있거든요. 아스피린 같은 약을 버드나무 껍질로 만드는 것처럼요."

"나무껍질로 약을 만든다고요?"

환이가 눈을 반짝이며 묻자, 초록 쌤이 고개를 끄덕였지요.

"아스피린은 버드나무 껍질에 있는 살리실산이라는 성분으로 만든 약이에요. 이처럼 우리는 나무 열매나 꽃잎의 성분을 약으로 활용하죠. 흔한 예로 허브차가 있어요. 소화를 돕거나 몸을 진정시키는 효과가 있잖아요. 또, 매실 원액을 소화제로 쓰기도 하고요. 화장품 광고에서도 식물 성분을 많이 보았을 거예요."

"아, 허브가 민간요법에서 약으로 쓰이는 걸 만화에서 봤어요."

지지는 만화에서 본 약제사 모습을 떠올렸어요.

"그렇죠. 인간은 다양한 생물로부터 자원을 얻어요. 생태계 균형이 무너지면, 결국 인간도 위기에 처할 수밖에 없어요."

"그래서 우리 주변의 생태계를 조사해 보라고 하셨군요?"

환이가 물었어요.

"맞아요. 세계 곳곳에서 생태계를 지키기 위한 다양한 노력이 이어지고 있어요. 생물 다양성 협약, 람사르 협약이 그 예지요. 또 침팬지, 수달, 반딧불이 같은 동물이나 고산 식물처럼 특정 생물을 보호하려는 운동도 있어요. 숲을 없애고 골프장을 만드는 무분별한 개발을 막으려는 노력도 여기에 포함돼요."

초록 쌤의 이야기를 들으며 지지는 아직 자기가 식물과 자연에 대해 잘 모른다는 걸 느꼈어요. 앞으로 자신이 무엇을 할 수 있을지 생각하고 있는데, 초록 쌤이 물었어요.

"우리가 할 수 있는 일이 뭐가 있을까요?"

"우리 주변에 이렇게 소중한 생명들이 함께 살고 있다는 걸 알리고 싶어요."

지지가 대답하자 구희가 이어 말했어요.

"우리가 조사한 생태계 앞에 작은 표지판을 만들면 어떨까요?

이곳에 어떤 생물들이 사는지 알려 주는 거예요."

"좋은 생각이에요. 표지판 만들 재료는 옆방에 있을 거예요."

"네!"

초록 쌤은 아이들을 바라보며 말을 이었어요.

"환경 축제에서는 무엇을 할지 정해 볼까요?"

지지가 제안했어요.

"그동안 우리가 했던 활동을 전시해요. 지구초 이끼 담장의 효과와 제작 과정, 쓰레기 줄이기 운동, 우리 동네 생태 지도를 소개하면 어때요?"

환이가 덧붙였지요.

"기후 변화와 우리 학교에 생긴 곰팡이의 원인을 살펴보는 전시와 발표도 준비하면 좋겠어요."

초록 쌤은 만족스럽게 웃으며 말했어요.

"정말 멋진 환경 축제가 되겠어요! 다음 시간부터는 학교에서 환경 동아리 활동을 이어 가요."

지지와 친구들은 동네 생태 지도와 표지판을 함께 만들었어요. 이번에는 다 함께 한 곳씩 돌며 서로를 응원했죠. 매번 환경을 지키느라 바빴던 초록 쌤도 함께했어요. 초록 쌤이 지구초 환경 동아리 덕분에 우리 동네 생태계가 더 풍요로워지겠다고 하자, 지지는 더없이 뿌듯했어요.

일상 속 환경 운동

생태계를 위한 한 걸음!

꿀벌을 지켜요

꽃 심기

꽃을 심어 꿀벌들이 먹이를 찾도록 도와요. 라벤더, 해바라기, 민들레처럼 꿀과 꽃가루가 풍부한 꽃들이 꿀벌에게 도움이 돼요.

도시 양봉장과 꿀벌 정류장 건의하기

학교나 지자체 옥상에 작은 양봉장을 만들도록 제안해 보세요. 서울 명동, 남산, 노들섬에는 이미 도시 양봉장이 있어 꿀벌들이 안전하게 살고 있답니다. 도시 양봉장은 꿀벌의 서식지를 늘리고, 도시 생태계를 풍요롭게 해요.

영국 선덜랜드에서는 버스 정류장 지붕에 꽃을 심어 꿀벌이 쉬어

갈 수 있는 '꿀벌 정류장'을 만들었어요. 이 정류장은 꿀벌이 긴 이동 중 잠시 쉴 수 있도록 돕고, 다양한 곤충들에게 먹이와 쉼터를 제공해 도시 속 자연의 순환을 도와요. 꿀벌을 돕는 작은 노력이 곧 환경을 지키는 길이랍니다.

영국의 꿀벌 정류장

지렁이와 함께 살아요
지렁이 공부하기

지렁이는 토양을 비옥하게 만드는 중요한 생물이에요. 전 세계에 2,700여 종, 우리나라에는 60여 종이 살고 있지요. 지렁이는 피부로 숨을 쉬기 때문에 햇빛이 없는 습한 흙 속에서 지내요. 눈과 귀는 없지만 미각이 뛰어나 단맛을 좋아한답니다. 땅 위의 낙엽이나 쓰레기를 먹고 분해해 땅속에 좋은 미생물이 자라도록 도와요.

플로깅과 줍깅 실천하기

플로깅은 스웨덴어로 '줍다(plocka upp)'와 '조깅(jogging)'을 합친 말로, 조깅이나 산책을 하며 쓰레기를 줍는 환경 운동이에요. 우리나라에서는 '줍기'와 '조깅'을 합쳐 '줍깅'이라고도 해요. 함께 쓰레기를 주우며, 다양한 생물이 살기 좋은 환경을 만들어 보아요.

콤포스트 만들기

음식물 쓰레기를 모아 콤포스트를 만들어 보세요. 흙과 지렁이가 있는 상자에 음식물 쓰레기와 잘게 자른 재생 종이를 넣고 섞으면, 지렁이 먹이가 된답니다. 지렁이가 이 음식물을 먹고 소화시키면, 음식물 쓰레기가 식물이 잘 자라게 도와주는 퇴비로 변해요!

음식물 쓰레기를 퇴비로 만드는 지렁이 콤포스트

친환경 농산물을 먹어요

친환경 농산물 키우기

텃밭이나 화분에 상추, 오이, 고추 같은 채소를 키워 보세요. 직접 키운 채소는 더 맛있고 건강에도 좋아요. 또 가까운 곳에서 직접 재배하면 운송 과정에서 발생하는 탄소 배출을 줄일 수 있답니다.

친환경 농산물 이용하기

농약 없이 키운 농산물을 이용해 보세요. 농약을 사용하지 않으면 토양과 강물이 오염되지 않아 생태계가 건강해져요.

식품을 구매할 때 농림축산식품부 인증 마크를 확인하세요. 유기 농산물은 합성 농약과 화학 비료 없이, 돌려짓기와 섞어짓기˙ 같은 유기 재배 방법으로 키운 거예요. 무농약 농산물은 농약을 전혀 쓰지 않고, 화학 비료도 최소화해 생산한 농산물이에요.

돌려짓기와 섞어짓기 같은 땅에 같은 작물을 계속 심지 않고, 다른 작물을 돌려 가며 심거나 여러 작물을 섞어 키우는 방법이에요. 이렇게 하면 병충해를 줄여 땅의 영양도 지킬 수 있어요.

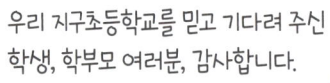
에필로그 환경을 지키는 작은 영웅들

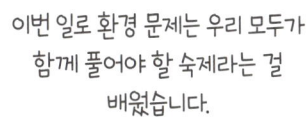

작가의 말

작은 실천이 지구를 살려요

지구초등학교 환경 동아리 친구들의 활약, 잘 보셨나요?

곰팡이가 어린이들을 괴롭혔지만, 사실 말랑꼬리알록달록푸르르죽죽 곰팡이 자체는 죄가 없답니다. 습하고 따뜻한 곳을 따라 포자를 퍼뜨리며 옮겨 다녔을 뿐이지요.

과학 학술지 〈네이처〉에 발표된 논문에 따르면, 1990년대 이후 열대 곰팡이 질병이 매년 7킬로미터씩 북쪽으로 이동하고 있다고 해요. 실제로 열대 지방에서만 발견되던 곰팡이가 영국과 아일랜드에 나타난 사례도 있었지요. 학자들은 앞으로 변이를 일으킨 곰팡이가 등장할 수 있다고 경고해요. 그런 곰팡이는 항생제로 치료되지 않고, 사람이나 식물에 심각한 피해를 줄 수 있다고요.

이뿐만이 아니에요. 넘쳐나는 쓰레기, 미세먼지로 탁해진 공기처럼 사람의 활동으로 환경은 점점 오염되고 있어요. 그로 인해 살 곳을 잃거나, 병에 걸리거나, 멸종되는 생물도 늘고 있지요. 생태계는 서로 긴밀하게 연결돼 있어서, 어느 한쪽이 무너지면 다른 쪽도 함께 무너진답니다.

환경 문제가 갈수록 심각해지는 오늘날, 어린이들이 할 수 있는 일이 궁금하다면 환경 동아리 친구들을 떠올려 보세요. 학교에 이상한 곰팡이가 생겨 질병이 돌자, 친구들은 다양한 방법으로 원인을 찾기 시작했어요. 그 과정에서 동네의 쓰레기 문제를 발견했고, 학교에 녹색 공간이 부족하다는 사실도 알아냈지요. 또 쓰레기를 줄일 방법을 고민하고, 생활 속에서 변화를 만들어 내기도 했어요.

이런 노력이 동네를 바꾸고 사람들을 움직였어요. 친구들 자신도 달라졌고요. 분명 지구초의 환경도 전보다 더 좋아졌을 거예요.

이 책을 읽고, 우리가 숨 쉬는 공기와 마시는 물, 그리고 주변의 동식물을 한 번쯤 돌아보면 좋겠어요. 환경 문제는 멀리 있는 게 아니라, 바로 우리가 살아가는 이곳에 있으니까요. '나도 할 수 있을까?' 하고 망설이지 마세요. 크고 특별한 일이 아니어도 돼요. 책 속의 작은 실천부터 하나씩 시작해 보세요. 환경 동아리 친구들처럼 새로운 방법을 찾아봐도 좋아요.

어린이 여러분의 작은 행동이 모이면, 지구를 지키는 큰 힘이 될 거예요. 아름다운 지구에서 오래도록 함께하기 위해, 우리 다 같이 시작해요!

정윤선